JN281466

注解

# 警察官職務執行法

警察制度研究会 編

立花書房

# 目次

第一章　総　論……5
第二章　この法律の目的……17
第三章　質　問……39
第四章　保　護……71
第五章　避難等の措置……91
第六章　犯罪の予防及び制止……105
第七章　立　入　り……135
第八章　武器の使用……157
第九章　他の法令による職権職務……191

# 第一章　総　　論

《一》

本法は、警察の責務を達成するための警察上の手段を定めるものとして、昭和二三年七月一二日に公布・施行されたものである。

1　旧憲法下においては、行政目的実現のための行政上の強制手段を定めた一般法として行政執行法及び同施行令があった。行政執行法は、行政上の強制手段として代執行、執行罰及び直接強制の三つの手段を定めていたが、その内容において、日本国憲法の定める基本的人権尊重の趣旨に合わないものがあるため、昭和二三年に廃止され、これに代るべきものとして、行政上の強制執行に関する一般法として行政代執行法（昭和二三年法律第四三号）が制定され、また、主として警察官の即時強制に関する一般法として本法が制定された。

2　警察は、警察法第二条の定めるところにより「個人の生命、身体及び財産の保護に任じ、犯罪の予防、鎮圧及び捜査、被疑者の逮捕、交通の取締その他公共の安全と秩序の維持に当ることをもつてその責務とする」のであって、人命の保護、犯罪の予防等と並んで、犯罪捜査を行う任務を負っている。このうち、犯罪捜査のための警察の手段については、一般法として刑事訴訟法の定めがあるのに対し、本法は、主として、人命保護、犯罪予防等の目的実現のための警察上の手段に関する一般法として定められたものである。ここに「主として」といったのは、本法の中には、第二条の職務質問、第七条の武器使用のように、犯罪捜査のための手段としての役割を果たすものもあるからである。

なお、本法第一条で「この法律は、警察官が警察法に規定する個人の生命、身体及び財産の保護、犯罪の予防、公安の維持並びに他の法令の執行等の職権職務を忠実に遂行するために、必要な手段を定めることを目的とする。」と定め、また、第八条で「警察官は、この法律の規定によるの外、刑事訴訟その他に関する法令及び警察の規則による職権職務を遂行すべきものとする。」と規定しており、本法は、警察官の権限に関する基本法的な性格をもつものである（第一条注解5及び第八条注解2参照）。

3　本法は、警察の職務を遂行するために用いる手段について規定したものである。これに対し、警察法は、主として警察の組織を定める法律であるが、同法第三六条第二項、第六〇条、第六〇条の二、第六〇条の三、第六一条、第六一条の二、第六一条の三、第六四条、第六五条、第六六条、第七三条の条項は、いずれも警察権限の行使にも関連する規定である。任意的又は事実行為的な警察活動については、警察法第二条第一項の定める責務を達成するために、個別の法律の根拠を要しない。これに対し、国民に法律上の義務を課したり、実力をもって自由を制限して警察目的を実現するには、警察法以外の特別の法規の根拠を要する。国民に義務を課したり、それを解除したりする命令、警察許可等の行政処分の根拠としては、道路交通法等の法律がある。これに対し、本法は、警察目的を実現する手段のうち、主として目前の急迫の事態に対応するための即時強制の手段を定め、また任意手段のうち重要なものについてそれを警察官が用い得る場合を明確にするための規定を置いている。

**4**　皇宮護衛官の職務の執行については、従来、本法第七条が準用されていた。しかし、皇居等への参入者やお出まし時の歓送迎者が増加傾向にあることや、国際テロ情勢が緊迫化していたことなどから、皇宮護衛官に任務を達成するための権限を持たせる必要性が増大してきたため、平成一六年の警察法改正により、本法第二条、第四条（ただし、警備の職務に限る。）、第五条及び第六条の規定を準用することとなった（警察法第六九条第五項）。

**5**　警察機関以外に、自衛隊その他の機関が警察的な活動を行う場合があるが、その場合については警察権限の一般法である本法が準用されている。準用の態様は次のとおりであるが、その限りで、本法は、自衛隊等の活動の根拠法規の役割も果たしている。

(1)　本法の規定の全部が準用されるもの

ア　命令による治安出動又は要請による治安出動を命ぜられた自衛隊の自衛官（自衛隊法第八九条

第一項）

イ　防衛出動を命ぜられた自衛隊の自衛官（自衛隊法第九二条第二項）

(2)　本法第四条並びに第六条第一項、第三項及び第四項の規定が準用されるもの（警察官がその場にいない場合に限る。）

　災害派遣を命ぜられた部隊等の自衛官（自衛隊法第九四条第一項）

(3)　本法第七条の規定が準用されるもの

ア　海上における警備行動を命ぜられた自衛隊の自衛官（自衛隊法第九三条第一項）

イ　部内の秩序維持の職務に専従する自衛官（自衛隊法第九六条第三項）

ウ　麻薬取締官及び麻薬取締員（麻薬及び向精神薬取締法第五四条第八項）

エ　海上保安官及び海上保安官補（海上保安庁法第二〇条）

## 《二》

警察の責務を実現するための警察手段については、次のように分類することができる。

### 1　行政行為と事実行為

行政行為というのは、法律的規制をする法的な行為であって、行政処分ともいわれる。例えば、命令、許可等の行為は、相手方の意思の拘束という意味において法律的効果を生ずるものである。このような手段については、個別の法律の根拠を必要とする。道路交通法、古物営業法その他の法令において許可、禁止等を定めたものが多いが、それがこの行政行為の例である。これに対し、事実行為というのは、警察上の行為以外の例でいえば、道路工事、河川工事、不良食料品の収去のような行為であって、行為そのものは単純な事実であり、相手方の意思の拘束という意味の法律的効果を生じることがなく、したがって、行為の無効や取消し等の問題を生じない点で法的行為と区別される（その結果に対して、損害賠償等の訴えを提起することはできるが、その行為そのものの法的効果ではない。）。

2　右の事実行為は更に強制行為と任意行為に分けることができるが、本法は主としてその中の強制行為を定めることを主眼とし、併せて任意行為について定めている。

(1)　強制行為や強制手段は、いわゆる行政強制といわれ、行政目的を実現するために、行政権みずからが人の身体又は財産に実力を加えて行政上必要な状態を実現する作用である。この行政強制の中には、法規に基づいて課せられた義務を履行しない者があった場合に、その義務の履行を強制して、履行があったと同じ結果を実現する作用（行政上の強制執行）と、義務の不履行を前提とせず、行政目的違反の状態がある場合に、行政権自らが直接に人の身体又は財産に実力を加えて、その違反状態を除去する作用（行政上の即時強制）とがあるが、本法は、警察目的実現のための即時強制の定めをすることを主たる目的としている。

(2)　ア　任意行為や任意手段は、相手の承諾に基づいて行政目的を実現する行為である。この承諾は、明示でも黙示でもよい。強制手段が相手方の意思のいかんにかかわらず、それを無視して必要な行政目的を実現する手段であるのに対し、任意手段は、結局は、相手方の意思にその目的実現の能否がかかっており、相手方の意思に反してはそれを用いることができない点で区別される。

イ　このような任意的な事実行為を行うについては、とくにその手段についての特別の法の根拠は必要でない。それは相手方の承諾に基づく点で、その者の権利、自由を侵害することにならず、また、事実上の行為である点で、何らの法律上の効果を生ずるものではないからである。しかし、その行為が単なる私人の行為と区別される職務上の行為であるためには、定められた行政目的を実現するためのものでなければならない。何が行政目的であるかについては法の根拠を必要とする。例えば、児童福祉法、消防法等に規定する目的の範囲内で行う任意手段は、当該職員の職務行為である。警察でいえば、警察法第二条に定める責務を遂行するために行う任意手段は、警察官の職務行為である。

ウ　任意手段を行うについては、種々の態様が考えられる。

(ア)　相手方の積極的な願い出、申し出、希望、要求等によって行うもの　例えば、この場所が危いから堤防を築いてほしいという申し出によって工事を行い、家族の希望によって小児マヒの予防ワクチンを投じ、「助けてくれ。」という叫び声に応じてパトカーが駆けつけて救助するなどの場合である。警察機関が行う保護も、通常、このような手段で行われる。

(イ)　相手方の明示の承諾によって行うもの　例えば、「ごめんください。おじゃまではありませんか。」「どうぞお入りください。」の声に応じて相手の玄関に入る場合、「君のふろしきには何が入っていますか。」「何も怪しいものは入っていません。どうぞ開けて御覧ください。」という返事があって、ふろしきの中味を調べる場合等である。通常の警察活動の多くは、このような手段で行われている。

(ウ)　相手の黙示の承諾によって行うもの　　明瞭な言語、動作、文字等による承諾はないが、周囲の事情から客観的に判断して、承諾があったものと理解される場合である。例えば、口のきけない重傷者を病院に担ぎ込んで手当を加えたり、迷い子を保護したりする場合は、通常これに当たる。また、デパートその他の店先、公開の音楽会等は、そこに立入ることについて、黙示の承諾がある場合である。

(エ)　相手方の迷惑にはなるが、説得によって明示又は黙示の承諾を得て行うもの　　個人の自由、権利に関連することについて公益の代表者として当該職員、特に警察官が追及すれば、相手方は多かれ少なかれ迷惑に思うものであり、直ちには承諾しない場合が多い。しかし、簡単に承諾しないからといって、後は強制手段によらなければ目的を達せられないというものではない。相手方をいろいろと説得することによって結局相手方に承諾させ、その意思に基づいて行うのは、任意手段の一態様である。例えば、挙動不審者を呼び止めてその住所、氏名、行き先や持ち物等を聞きただしたり、ぐ犯少年を教えさとして学校に行かせたり、家出人にいろいろ言い聞かせて親元に引きとらせたりするのは、この説得手段の方法である。

エ　任意手段には、右に述べたような、いろいろな態様が考えられるが、相手方の積極的な申し出によって行うにしろ、相手が多少迷惑に感じても、いろいろと説得することによって相手方の承諾を得て行うにしろ、結局は相手方の承諾の意思によってその目的を達するのであって、相手方が拒み通せばその目的を達することができない点において、相手方の意思にかかわらず実力をもって目的を実現できる強制手段と区別されるのである。強制か任意かの区別は、結局は、相手方の意思に反して実力を行使できるかどうかにある。説得手段は、相手方に、その意思に基づいて承諾させるために説得の方法を用いるだけであって、任意手段であることには間違いなく、任意と強制との「中間」にあるわけではない。

オ　説得手段も任意手段の一つであるから、前述のように、行政目的を定めた法律の範囲内でその目的遂行のために用いることができ、とくにその手段を用いることを定める特別の法の根拠は必要でない。警察目的でいえば、警察法第二条があることによって足りる。しかし、次に述べるような理由により、この説得手段については、できるだけ法の明文の規定を置くことが望ましい。

(ア)　その手段を行使できる場合を明確にすること——強く説得することは、それだけ相手方が迷惑に思うことが多いのであって、定められた行政目的実現のためならどのような場合にも説得手段を用いてよいというものではない。説得手段を用いるには、それだけの公共の福祉——社会公共の秩序維持――の理由がなければならない。例えば、夜中に挙動不審者の行動を追及するのは、相当強く説得をすることに理由がある場合が多いと考えられるが、通常の時間に普通の服装で歩いている人々に、その行動についていちいちうるさく尋ねることは、警察目的からみて、行き過ぎである。しかし、このように、手段を用いるべき場合の違いを、警察法第二条の一般規定のみから現場において判断することを個々の警察官に求めるのは困難であるから、その手段を用い得る場合を明らかにしておく必要がある。

(イ)　その手段を行使できる程度及び限界を明確にすること――警察手段の行使については、常に比例の原則を考慮しなければならない。任意手段についても同じである。説得による相手方の迷惑の程度と実現しようとする警察目的とは正当な比例を保たなければならない。また、相手方を強く追及し過ぎると相手方の意に反して行う強制手段に移行するおそれもあるので、任意手段としての権限行使の限界も明らかにしておかねばならない。個々具体的な場合に、警察法第二条だけからこれを判断することはなかなか容易ではない。そこで説得手段をどの程度まで用い得るものであるかをできるだけ明定しておく必要がある。また、警察官の権限の限界が明らかにされれば、相手方の受忍の義務の限界も明らかとなる。法律でそのことを明確にするのが人権を保障するゆえんである。

(ウ)　説得手段は、相手方の自由を奪うものではないが、相手は迷惑に思うものである。そのような手続きについては、できるだけ法の明文で規定しておくことが道理である。

(エ) 手段を定めることは、同時に警察官の義務を定めることである。警察法第二条に定める責務を、どのような場合にどのように遂行すべきであるかについては、できるだけ具体的に定めることが望ましい。定められれば、それが警察官の義務であることが明確となって、社会公共の秩序維持の万全を期することができる。また、手段を定めることによって、その手段を用いることが警察官の公務の執行として保障されることが明確となり、個々の警察官は、自信をもってその事態に対処することができる。

(オ) 裁判所の判例は、警察上の手段について警察法第二条を根拠とすることを認める趣旨のものもあるが、そうでないものもある。また、学説も必ずしも一致していない。そこで多少でも疑義のあることについては法の明文で規定しておくことが望ましい。

《三》

1 本法は、全文八箇条の短い法律であり、第一条では目的を規定し、第八条では他の法令による職権職務について規定している。したがって、本法による警察上の手段は、第二条から第七条までの六箇条に規定されていることになるが、これを次のように分類することができる。

ア 手段行使の対象となる事態による分類

(ア) 異常な状態における手段（第二条、第三条）

a　犯罪に関連のある異常状態（第二条）。この手段としては、停止、質問、同行要求、凶器検査がある。

b　生命、身体の救護に関連のある異常な状態（第三条）。この手段としては、保護がある。

(イ)　危険な事態における手段（第四条、第五条、第六条、第七条）

a　天災、事変、雑踏等による危険事態（第四条、第六条）。この手段としては、警告、引き留め、避難、必要な措置及び立入りがある。

b　犯罪による危険事態（第五条、第六条、第七条）。この手段として、警告、制止、立入及び武器使用がある。

イ　手段の任意性、強制性による分類

(ア)　強制手段を定めたもの

凶器検査（第二条第四項）、でい酔者等の保護（第三条第一項第一号）、避難措置としての引き留め、避難、必要な措置（第四条第一項）、制止（第五条）、危険事態の際の立入（第六条第一項）、武器の使用（第七条）

(イ)　任意手段を定めたもの

質問（第二条第一項）、同行要求（第二条第二項）、迷い子等の保護（第三条第一項第二号）、避難措置としての警告（第四条第一項）、犯罪予防のための警告（第五条）、立入要求（第六条第二項）

本法は、前述のように、主として、急迫した場合の警察手段としての即時強制を定めることを目的としたものであるが、その手段としての強制権限を定めるほかに、右のような任意手段を定めているのは、前記《二》の2の(2)のオに述べた理由によるものである。

2　本法の規定の中で、強制保護、避難等の措置、犯罪の制止、緊急立入、武器の使用等の強制的な権限を定めた条項は、それぞれの権限を創設した規定であり、質問、同行要求、任意保護、警告、公開の場所への立入等の任意的な手段を定めた条項は、いわば権限を例示的に確認した性格を持つ規定であって、任意手段であれば、これらの規定によるもののほかに警察法第二条の責務を達成するために各種の手段を行使することが可能である。

# 第二章　この法律の目的

**第一条**　（この法律の目的）　この法律は、警察官[1]が警察法（昭和二十九年法律第百六十二号）に規定する個人の生命、身体及び財産の保護[2]、犯罪の予防[3]、公安の維持[4]並びに他の法令の執行[5]等の職権職務[6]を忠実に遂行するために、必要な手段[7]を定めることを目的とする。

**2**　この法律に規定する手段は、前項の目的のため[8]必要な最小の限度において用いるべき[9]ものであつて、いやしくもその濫用にわたるようなことがあつてはならない[10]。

本条は、この法律の目的と権限濫用の禁止を規定したものである。

**1**　「警察官」には、警察庁の警察官（警察法第三四条）と都道府県警察の警察官（同法第五五条）

の両者が含まれる。もっとも、警察庁の警察官は、警察法上管轄区域を持たされていないので、本法に基づいて職権を行使するのは、援助の要求による派遣（警察法第六〇条）、現行犯人の逮捕（同法第六五条）、緊急事態の布告区域への派遣（同法第七三条）等の例外的な場合に限られる。警察官のほか、皇宮護衛官、自衛官、海上保安官、麻薬取締官等には本法の全部又は一部が準用されている（総論《一》の5参照）。

旧行政執行法は、それに基づく強制権限を行政庁の権限として定めていた。これに対し、本法は、個々の警察官の権限として定めている。これは、本法に規定するような事態は、個々の警察官が現場において当面する事態であって、行政庁の意思決定を待ついとまのない場合が多いからである。したがって、本法に基づく権限は、警察官がその当面した事態に応じ、原則として、自らの判断に従って行使することになるが、警察官は、警察法第六三条により上官の指揮監督を受けてその職務を行うものであるから、現場に上官がいるときはその上官の指揮により、現場に上官がいないときは、平素の勤務において上官から指揮監督を受けているところに従って、本法による手段を行使しなければならず、また警察官が本法による手段を行使したときは、指揮監督を受けている上官に報告すべきものである。

2　「個人の生命、身体及び財産の保護」は、警察法第二条に規定するものと同じである。ここにいう個人には、日本人のほか、日本にいる外国人、無国籍人も特に他の法令で除外されない限り含まれるものであり、また、主として自然人を対象とするが、財産に関する限り法人も含まれる。本法中、主として個人の保護に関する手段を定めたものとしては、第三条、第四条、第六条がある。

3　「犯罪の予防」も、警察法第二条に定めるものと同じである。すなわち、刑罰法令に触れる行為の発生を未然に防止するために必要な対策を樹立し、又はそのため直接国民に対して行う個々の措置をいうのであり、警察官は、これらの活動の多くを個別の法律の根拠なしに行っている。古物営業法、質屋営業法、銃砲刀剣類所持等取締法、風俗営業等の規制及び業務の適正化等に関する法律、未成年者飲酒禁止法等、警察所管の法令の多くは、犯罪の予防を目的としており、これらの法令の執行は、犯罪の予防のための活動、すなわち、防犯活動にほかならない。これらの法令にも、営業所への立入、調査その他警察官の行う防犯上の特別の手段について規定したものがあるが、本法は、警察官が、犯罪予防のため直接国民に対して行う一般的な手段として、質問、同行要求（第二条）、警告、制止（第五条）、立入り（第六条）等の説得手段又は即時強制手段の規定を設けている。また、前記の警察所管の行政取締法規のほか、警察以外の行政機関において所管している行政取締法令も数多くある。それらの法令は、それぞれの行政目的を実現するために制定されたもので、特に犯罪予防を目的としたものではないが、定められた法規に違反した場合に罰則を附している場合が多い。この場合、それらの法令を執行し、罰則の附せられた法規の違反を防止することは、それぞれ所管の行政機関の任務である。警察は、犯罪予防を任務とする一般行政機関として、それらの行政機関の任務に協力する立場に立つ。警察が、これらの法令違反の防止、すなわち、犯罪予防を行う場合には、警察官は本法に基づく手段を行使することができる。しかし、当該行政機関の職員は、当該行政法令に定められた手段（立入、調査、質問等の手段を定めているものが多い。）を用いることはできても、本法による手段を用いることはできない。

4　「公安の維持」とは、警察法第二条にいう「公共の安全と秩序の維持」と同じである。すなわち、社会公衆の共同生活が法令又は社会慣習に従って平穏に営まれ、正常に運行されている状態がかき乱されたり、阻害されたりすることのないように保障し、その状態に対する障害があればそれを除去することをいう。警察法第二条では、公共の安全と秩序の維持の例示として犯罪の予防のほかに、犯罪の鎮圧及び捜査、被疑者の逮捕、交通の取締を挙げているが、犯罪の捜査、被疑者の逮捕の手段については主として刑事訴訟法の定めるところであり、交通の取締の手段については道路交通法の定めるところであるので、本条では特に並記しなかったものと思われる（犯罪の鎮圧とは、主として集団的犯罪を対象とした用語であって、その内容は、犯罪の予防、捜査、被疑者の逮捕にほかならない。）。

本条では、個人の保護、犯罪の予防と並んで「公安の維持」のために必要な手段を定めることを本法の目的として定めているのであるが、本法の各条の中で、個人の保護、犯罪の予防のための手段と区別される「公安の維持」のための直接の手段を規定したものは少ない。前述のように、第三条、第四条は直接には個人の保護のための、第二条、第五条は直接には犯罪の予防のための、第六条は直接には個人の保護及び犯罪予防のための手段についての規定であり、また、第七条は、犯人逮捕等の場合の緊急な状態に関する例外的な規定である。もちろん、個人の保護及び犯罪の予防のための手段は、同時に公安の維持のために役立つものであるが、それらは、ここにいう狭義の公安の維持についてはやや間接のものである。とくに、第五条、第六条第一項等による手段の発動の要件として、人の生命、身体及び財産に対する直接の危害のおそれがある場合に限る旨を定めているので、個人の生命、身体、財産には直接の危害を及ぼさないで、直接には社会共同生活の平穏と安全そのものをおびやかすような事態については、これらの条項による手段は発動することができない。

5　(1)　「他の法令」とは、警察法以外の国の法律、命令、規則及び地方公共団体の条例、規則等をいう。この法令の中には、刑事訴訟法その他刑事作用のための規定も含まれる。

(2)　法令の「執行」とは、法令の内容を具体的に実現すること、すなわち、法令を具体的な場合に適用し、実施することをいう。

(3)　警察官がその執行の権限を与えられ、同時にその執行の責務を負っている法令は多種多様であり、その詳細は、本法第八条注解2に示すとおりである。これらの法令による職務は、警察法に定める警察の責務の範囲に属するものと属さないものとに分類することができる。

ア　公共の安全と秩序の維持に関する職務を規定した法律としては、風俗営業等の規制及び業務の適正化等に関する法律、古物営業法、質屋営業法、銃砲刀剣類所持等取締法、道路交通法、遺失物法、酒に酔つて公衆に迷惑をかける行為の防止等に関する法律、暴力団員による不当な行為の防止等に関する法律等、警察所管の法律がその代表的なものである。これらの法律は、公安委員会、警察本部長、警察署長等の行政庁に対し、警察上の禁止、制限、許可等の行政処分の権限を与えているものが多い。このような場合は、警察官は、公安委員会又は警察署長等の意思決定に従ってその具体的な執行に当たるが、その場合は、主として、それらの個々の法律に定める行政処分の手続きに従ってその執行が行われるのであって、直接には本法に定められた手段によることは少ない。また、それらの法律は、それによって達成しようとする行政目的の執行を確保するため、個々の警察官の権限を定めていることも多い。そのような権限規定と本法の規定とは、特別法と一般法との関係に立つのであって、特別の行政規制の目的の達成のため定められた手段がある場合には、その規定による手段がまず用いられ、本法による手段が補充的に用いられることとなる。例えば、道路における交通の危険防止のためには、道路交通法による指示、移動、保管等の手段が用いられ、本法の警告、制止等の手段が補充的に用いられる。警察所管の法律でなくても、例えば、災害対策基本法等において警察官の権限を定めたものも多い。それらの法律による警察官の権限と本法による権限との関係についても右に述べたところと同様である。

イ　警察官は、警察法第二条に定められた警察の責務を遂行することを主たる職務とし、本法は、その職務を執行するについての主たる手段を定めているものであるが、警察官の職務は、警察法に定められたものに限られるわけではなく、警察法による警察の責務に属さない事項についても、他の法律の規定によって特に警察官の職務とされている場合が多い。例えば、国会法第一一五条により、各議院の議長の要求により内閣が派出した警察官は、議長の指揮を受けて職務を行うこととなるが、これは議院警察権の作用に属するもので、警察法による警察の責務の遂行ではない。裁判所法第七一条の二により裁判長（又は開廷をした一人の裁判官）の要求により派出された警察官が裁判長又は一人の裁判官の指揮を受けて職務を行うのは（法廷等の秩序維持に関する法律第三条により拘束権を有する。）、法廷の秩序維持のための職務、すなわち法廷警察権の作用であって、一般警察権の行使ではない。また、民法第九七七条、民事執行法第六条、第七条等による警察官の立会いや援助は、民事関係の秩序の確保のためのものであり、国税徴収法第一四四条、国税犯則取締法第五条、第六条、関税法第二〇条、第二一条、第二三条、第六四条、第九七条、第一二九条、第一三〇条等による届出、立会い、援助等はいずれも財政権の作用に属するものであって、一般警察権の作用ではない。これらの法律が警察官に対し、右のような職権職務を付与しているのは、警察官がその本来の職務の性質上公正な第三者であることが保障されていることと警察がその組織及び人員において強い執行力を有していることなどに着目したものと思われるが、それらの職権職務は、警察法に定める警察の責務の範囲外である。

6　「職権」とは、職務上の権限、「職務」とは職務上の義務の意味である。法令によって警察官の職務上の権限が定められた場合には、その権限を適法、かつ、妥当に行使してその目的の実現を図ることが警察官の職務上の義務となる。また、本法第三条のように「保護しなければならない」と義務の形で定めたものもあるが、その場合は、同時に警察官の職権を定めている。

7　「必要な手段」　(1)　本法は、警察官が本条第一項に列挙されたような職権職務を遂行するに際し、現実の事態に当面して用いることのできる手段を定めており、この意味で、本法は警察官の権限法であるといわれる。

(2)　本法に基づく警察手段を行使するのは、警察の責務実現のため、必要なことであるから、警察官がそれを行使するについては法律上次のような面で保障されている。

ア　違法性の阻却　　警察官が相手方の権利、自由を侵害することがあっても、それが本法各条に定める要件、態様、程度の範囲内でその権限を行使したものである限り、それは、社会公共の秩序維持のためやむを得ないことであって、正当なものである。すなわち、それは刑法第三五条にいう「法令又は正当な業務による行為」であって、たとえそれが犯罪構成要件に該当しても、違法性はないものとして犯罪にはならない。例えば、本法第三条によってでい酔者を保護する場合、第五条によって犯行を制止する場合に、相手方が乱暴をすれば、警察官はこれを取り押さえるために、柔道、逮捕術、場合によっては警棒等による実力を用いる必要がある。その場合に、相手方が擦り傷、骨折等の傷害を受けることがあっても、その警察官の実力行使の態様が第三条又は第五条の要件に合致する限り、公益のためやむを得ないことを法令が認めているのであって、相手方の傷害という結果について警察官が法令上の責任を負うことはない。第七条の要件に合致する場合に武器を使用して相手方を殺傷することがあっても同様である。なお、本法各条に定める条項に当たらない行為であっても、正当防衛、緊急避難の要件に該当する場合には、犯罪にならず（刑法第三六条、第三七条）、また、適法な権限の行使が民法上の不法行為にならないことはいうまでもない。

イ　公務執行妨害罪の成立　刑法第九五条に定める公務執行妨害罪は、公務の適正円滑な執行を確保するために暴行又は脅迫による妨害行為を犯罪としたものである。警察官の権限行使は、「職務を執行するに当たり」に該当するものであるから、刑法第九五条は、警察官の職務執行の重要な保障となっている。同条にいう「職務を執行するに当たり」とは「職務を行うに当たり」又は「職務に従事中」の意味であって、内部的な単純な事務の処理も含まれ、また強制力の行使の有無を問わない広範なものであることは学説、判例で確立している。公務執行妨害罪の成立について公務員の職務行為が適法なものであることを要するかどうかについては説が分かれている。適法な職務執行でなければ本条の保護に値しないとして適法性を要求するのが通説であり、この立場に立つ判例が多い。公務執行妨害罪の成立する要件は、以上のようであるから、総論《二》で述べた警察上の任意手段も刑法第九五条によってその執行が保障されている。警察官の情報収集活動が公務執行妨害罪の対象となる公務であるか否かが問題となることが多いが明らかに任意手段の範囲を逸脱して実力強制に及んだり、あるいは、社会通念上明らかに妥当でない方法を用いて相手方の権利を違法に侵害したものでない限り、これを積極に解すべきものと思われる。

〈判　例〉

㈠　大審院　明治四二・一一・一九判決

（要旨）　刑法第九五条第一項ニハ公務員ノ職務ヲ執行スルニ当リ云々トアリテ職務ノ執行ニ何等制限スル所ナケレハ其所謂執行トハ単ニ公務員カ人又ハ物ニ対シテ法律規則ヲ執行シ若クハ公務所ノ命令ヲ執行スル場合ノミニ限ラス公務所ニ於テ公務員カ職務上為スヘキ事務ノ取扱ヲモ総テ之ヲ指称包含セシメタルモノト解スルヲ相当トス

㈡　大審院　明治四四・四・一七判決

（要旨）　刑法第九五条第一項ニ公務員ノ職務ヲ執行スルニ当リトアルハ其職務ヲ行フコトカ人ヲ強制スルニ至ルヘキ場合ノミニ限ラス汎ク職務ノ範囲内ニ属スル事項ヲ行フ場合ヲ包含スルモノニシテ敢テ執行ナル語辞ニ於テ強制ノ意義ヲ表彰シタルモノト云フヘカラス

㈢　東京高裁　昭和二五・一一・一八判決

（要旨）　被告人が原判示第二の日時頃Y町警察署に赴いた際同署巡査Nが其の事務室内で当直勤務中であり、被告人は同巡査を判示の通り脅迫したものであつて為めに同巡査がC県防犯統計課へ報告のため執筆中の経済事件延数件数統計表の作成を一時中絶するの止むなきに至らしめた外当直勤務を不法に一時混乱におとしいれたことを認めるに充分であるから原審が之を公務執行妨害罪に問擬したのは違法でない。

㈣　名古屋高裁　昭和二八・六・二九判決

（要旨）　警ら中のN巡査として同様警ら中の任務を帯び職務執行中の同僚巡査が民間人から大声にて罵倒され同巡査の職務の執行に支障ある様な情勢を看取した場合警察官としての職務上その民間人に対して一応の注意を与え、同僚の警察官の職務執行を円滑容易ならしめ、且治安の維持を図ることは蓋し当然の職責と謂わなければならない。従つて右N巡査の措置も亦警ら中の警察官としての職務行為と謂わざるを得ない。

㈤　東京高裁　昭和二五・一二・一九判決

（要旨）　論旨は要するに、本件公務執行妨害の点は已に逮捕状が発布されているに拘わらず、急速を要するときでもないのに逮捕状を所持せず、且つ被疑事実の要旨を告げないで被告人を逮捕しようとした場合であるから、刑訴法第二〇一条第一項、第二項、第七三条第三項に背反するものである。従つて本件判示第一のうち公務執行妨害の罪を構成しない被告人の行為は刑法第三五条、第三六条の適法行為であるというにある。よつて按ずるに（中略）、逮捕状による逮捕に際し、刑訴法第二〇一条の規定によらないで人を逮捕することは司法警察員の職務として違法であることは洵に所論の通りである。しかし、職務行為が違法ということと職務行為としてでは全然なく単に個人の行為として見るべきこととは区別すべきである。後者の場合にはこれに対し公務執行妨害罪の成立がない。が前者の場合は違法ではあるが、公務の執行として刑法上保護すべき場合がある。さて本件判示第一の事実について記録により調査するに（中略）、本件逮捕は被疑事実の要旨を告げたうえ、これをなそうとしたことは認められるが、前記法条にいわゆる緊急を要する場合であつたとは認められない。故に本件逮捕は違法である。しかしこれは一個人の私的行為と見るべきでなく、違法ではあるがやはり職務行為と解すべきである。そして前述のような事実関係の下では職務行為として刑法上保護するのが相当である。従つて被告人においてK巡査に対し右職務行為をなそうとした際判示行為に及んだ以上公務執行妨害罪の成立がある。

㈥　福岡高裁　昭和二七・一・一九判決

（要旨）　右逮捕が不適法だからという理由から、直に本件被告人の前示所為が公務執行妨害罪を構成しないものと速断してはならない。公務執行妨害罪は、公務員がその一般的権限に属する事項に関し法令に定める手続に準拠してその職務を執行するに当り之に対し暴行又は脅迫を為すによつて成立するもので、仮令、当該手続に関する法規の解釈適用を誤まりたるため手続上の要件を充たさない場合と雖も、一応その行為が形式的に公務員の適法な執行行為と認められる以上、公務執行妨害罪の成立を妨ぐるものではない。本件において、前示、F、E両巡査は、予て被告人に対し窃盗の指名犯人として裁判官の逮捕状の発せられていることを知り、之が緊急執行のため右令状を所持しないまま被告人の依命逮捕に赴きたるもので、かかる場合の逮捕の手続としては、刑事訴訟法第七三条第三項に従い被執行者に対し被疑事実の要旨即ち或る程度の被疑事実の内容と令状が発せられている旨を告げなければならないのを、誤解して、単に罪名と令状が発せられている旨を告げれば足るものと考え、被告人に対し窃盗の嫌疑により逮捕状が発せられている旨を告げて逮捕せんとしたのであるから、該逮捕行為は法令に定める手続に違背し違法ではあるが、その違法の程度は全然被疑事実を告げなかつた場合と異り強度のものとは云えず、なお一般の見解上、一応形式的には前記巡査等の一般的権限に属する適法な職務執行行為と称し得ないことはない。従つて被告人が同巡査等の右職務執行に当り前記暴行を加えた所為は、当然公務執行妨害罪を構成するものと云わなければならない。（本件第一審（福岡地裁大牟田支部、昭和二六・八・一〇判決）は、「右は、刑訴法第二〇一条第二項、第七三条第三項に要請する重要な逮捕の要件を欠如するものであつて、到底該逮捕を目して適法な逮捕とは称し難く、従つて、本件逮捕に当り被告人の為した暴行は公務員の職務を執行するに当り之に対し暴行を加えたものとは断じ得ない」として、正当防衛と認め、無罪を言い渡している。）

(七)　名古屋高裁金沢支部　昭和二七・九・一二判決

（要旨）　公務員が其の抽象的職務権限の範囲に属する事項につき、職務の執行行為であると信じ、或一定の行為を行つた場合、たとえ、職務執行行為の原因たる具体的事実を誤認し、又は当該事実に対する法規の解釈適用を誤つたとしても、其の行為はなお公務員の職務執行行為として、刑法による保護の対象たり得べく、その執行に当り為された妨害行為は、公務執行妨害の罪を構成すること勿論である。（中略）従つて前記執行行為が為された際に於ける被告人等の本件妨害行為は、該執行行為の適法、不適法乃至は合憲、違憲の点につき、その如何を判断するまでもなく、ただちに公務執行妨害の罪を構成するものであるから、たとえ、原審が叙上執行行為の合法性、合憲性を判定しなかつたとしても、原判決の理由に不備がない。

(八)　東京高裁　昭和二八・七・一七判決

（要旨）　法令違反の嫌疑があり、これが捜査に当つていた司法警察職員が、密行用増幅器を使用して、当該事件に関係ある第三者の談話を秘聴した行為は、その捜査目的を達成するに必要な範囲と限度において行なわれた限りにおいては、たとえ、前記第三者の基本権の行使に軽度の悪影響を及ぼす結果を生じても、これを目して職権を濫用するものであるとすることはできない。

(九)　大阪高裁　昭和二八・一一・六判決

（要旨）　公安の維持に当る警察が組合の情報に限らず、社会の情勢を知るため出入自由な場所において情報を蒐集することは差支えあるものでなく、その責務に属するから、本件において組合情報を得ようと隣家お好み焼店内に入つた警察官に対し、傷害を加え詫び状を強要した行為の正当性は容認し得ない。

(十) 東京地裁　昭和二九・五・一一判決

(要旨)　特定の具体的犯罪捜査のためでなく、公安の維持並びに将来発生することあるべき犯罪の予防、鎮圧のための対策の樹立策定に資する目的をもつて、各種情報の収集、査察行為をなすことは警察の重要な職責に属するが、これは無制限に許されるものではなく、大学自治のごとき憲法の保障する基本的自由権との間に妥当な調整が図られねばならない。公安の維持の概念は、刑罰法令を含む実定法秩序の実現ということのみによつて理解されるべきでなく、憲法の各条章を頂点とし、各種法令を下部構造としてもつ国内法秩序全体の均衡と調和の上に想定される秩序をさすのであつて、恒常的警備活動の必要性を肯定せしめるにたるだけの緊急、不穏の学内情勢のないときに、学内に立ち入り、情報を蒐集した前記警察官の行為は、大学の自治の要請を蹂躙し、いわゆる、警察国家的秩序は維持されても、憲法的秩序すなわち真の公共の秩序を乱したこととなり、その職務権限の範囲を逸脱して行なわれた違法な行為といわなければならない。警察官が一般人と同じく入場券を買い求めて入場したとしても、単なる演劇観賞のためでなく公務執行の意図をもつて入場したものといわねばならない。

警察官が、おこることあるべき事態を懸念し、これが資料を得ることが職務上許された行為であると信じて、同会場に立ち入つたとしても、警察官の主観におけるかかる価値判断は、右行為そのものの客観的違法性を左右するものではない。(ただし、本判決は、本件上告審　最高裁　昭和三八・五・二二判決で破棄)

(十一) 神戸地裁姫路支部　昭和三七・一・一七判決

(要旨)　(昭和三五年六月、神戸大学学生であつた被告人が安保反対デモを行ない、姫路市条例に違反するジグザグ行進をしたところ、その状況の証拠保全のためＦ巡査が写真をとつた。被告人はこれに抗議して、写真機を奪い取ろうとし、Ｆ巡査およびそれを援護したＨ巡査部長に暴行を加えた。弁護人は、Ｆ巡査の写真撮影行為は肖像権の侵害であつて、たとえ犯罪捜査のためであつても違法であると主張したが判決はこれをしりぞけたものである。）もとより、人は、その承諾がなければ、みだりに写真を撮影されないという自由を有する。しかし、その自由も公共の福祉の観点から、正当の理由がある場合には、制限を受けることもやむを得ない。警察法第二条第一項、刑訴法第一九八条第二項、第一九七条第一項の規定の趣旨は、個人の権利に直接的、物理的侵害を加え又は国民に法的義務を負わせる場合については特別の規定を設けているが、その程度に達しない捜査方法は、何らかの意味において、人に不利益を及ぼすことがあつても、捜査の有効、迅速という公益上の理由があり、かつ、その方法が社会的に見て相当であると認められるときは、いわゆる任意捜査として許容されているものである。従つて、犯罪の嫌疑をこうむつた者は、捜査の対象として、その範囲における不利益を受けることはやむを得ない。刑訴法第二一八条は、強制処分としての写真撮影の場合に関する規定であつて、強制処分に該当しない方法による写真撮影について令状を要するものと定めた趣旨ではない。人に対する写真撮影が、強制の処分にわたらず、そして、捜査のために必要であり、かつ、公共の福祉の要請する限度を越えないものとして一般的に容認される方法による捜査行為であるときは、犯罪の嫌疑をこうむつた者の意思のいかんにかかわらず、なしうるものである。公道において衆人環視のもとに犯罪行為を行なつている者に対し警察職員が、その証拠保全のために現場の写真を撮影することは、捜査のため必要な行為であり、かつ、適法な任意捜査の範囲に属する事柄であつて、尾行や張込みと同様、被撮影者の意思にかかわらず、なしうるところである。その場合、裁判官の令状を必要とするとか、肖像権の名のもとに証拠の収集保全を否定するような議論は、甚だ失当である。本件においては、F巡査及びH巡査部長らの行為は、その抽象的権限に属し、かつ、犯罪捜査のために必要であり、また、その方法においても妥当と認められる任意捜査の範囲をこえていない。従つて同巡査らの行為は刑法第九五条第一項において要求される適法な職務行為である。従つて被告人が、同巡査らに暴行を加えた行為は公務執行妨害罪を構成する。

(十二) 大阪地裁 昭和三七・二・二九判決

**(要旨)** 被告人らが条件違反のデモ行進をしていた際私服巡査Ｉが証拠保全のため約二、三メートル先の至近距離から閃光電球を用いて被告人らを撮影した。被告人らはこれにおどろき、いきどおつて、Ｉの身分や撮影の目的などを問いただすべく近づいたところ、Ｉは一言の釈明もせず、急に逃げだしたので、被告人らはこれを追跡し、追いついたところＩに左頬を殴打された。そしてＩはさらに逃げたので、更におつて追いつき取り囲み、Ｓ（被告人の一人）を殴打した理由、写真をとつた理由を尋ねたがこれに答えないので、Ｉを組合事務所まで同行して釈明を求めた。その間被告人らは一時Ｉの両腕をとらえ、周囲をとりまくなどの行為はしたが、Ｉに暴行を加えたり、Ｉの写真機に手をふれたことはなかつた。本件Ｉの撮影した写真は、ジグザグデモの状況、組合員の至つた経路を明らかにする目的で撮影したものでなくデモに参加した組合員の容貌を撮影する目的であつたと認められてもやむを得ないものである。集団示威運動は参加者の思想を公に発表する目的で行われるものであるからその状況を写真撮影されることは参加者等が事前に認容しているところで、違法とはいえないと考えられるが、本件の如く容貌を目的として撮影されることまでは認容しているとはいえない。顔写真の撮影は一見任意捜査であるかのように思われるが社会通念上無形の強制力を駆使して個人の平穏な生活を侵害するはもとより、憲法上保障された諸権利や個人の尊厳を害するおそれある行為であり、又、刑訴法二一八条二項の規定の反面として、身柄の拘束をうけていない被疑者の写真撮影は令状を要し、同法一九七条一項但書にいう強制の処分に含まれるものと考えられるから、被疑者の承認なくしてその写真を撮影することは、犯罪の種類、性質、捜査力、方法等よりして真に止むを得ないような特別の事情の存する場合を除き違法である。そして本件の場合、被疑者たる本件被告人らが写真撮影されることを黙示的にでも承諾していたといえないことは同人等が前記撮影に抗議している点よりして明らかであり、又写真撮影が真に止むを得ない特別の事情があつたとは認められないので本件写真撮影は違法といわねばならない。被告人らのＩ巡査に対する行為が不法逮捕といいうるためには、被告人らの行為が正義の理念を基本として全体的な法秩序の精神に反し、社会通念上も許されないものでなければならない。そして国家権力を行使する警察官により違法に写真を撮影され殴打されて国民の権利が著しく害されたような事件の如き場合においては、侵害さるべき法益との対比により均衡を失わない限度において相当な手段方法により社会通念上許される行為が正当な動機目的によりなされたものであれば、何らかの犯罪構成要件に該当しても違法性を阻却し、犯罪を成立させないものと言わねばならない。本件の場合においては、被告人らの行為の目的は、右違法な撮影並びに殴打に対して抗議し、その身分、氏名、撮影、殴打の目的、理由を問いただし弁解を求めるにあり、それをこえるものでなかつたことは前記認定のとおりである。……このように釈明を求める行為は正当であり、警察官としてはかかる場合逃走し、釈明要求にも答えぬような公正を疑わしめる如き態度はこれを避け、一応の釈明をなす義務あるものというべきである。そしてこれをなさなかつたＩ巡査に対する被告人等の行為は、興奮したデモ行進中の出来事であることを考慮に入れると前示のとおり極めて軽度のものであつて必要な限度もこえず、又Ｉの違法行為に対し、均衡を失することもない。以上のとおり、被告人らの所為は、その動機目的は正当であつて均衡を失せずその手段方法も相当であり、又被告人らの所為は全体としてみても社会通念上許される当然の行為と解されるから実質的には違法性を欠くものといわなければならない。（ただし、本件控訴審　大阪高裁　昭和三九・五・三〇判決は、被告人無罪との結論は維持しつつも、デモ参加者の写真撮影については、適法と判断している）

8　「前項の目的のため」とは、本条第一項に列挙された個人の保護、犯罪の予防、公安の維持、他の法令の執行等の職権職務を忠実に遂行するためという意味である。言葉を換えれば、ここに掲げられたような行政目的実現のためという意味である。

なお、犯罪捜査との関係については、犯罪予防のための制止行為と犯人逮捕とが同一の時点で行われることは多く、また、保護した者について他に犯罪容疑があればこれを取り調べることは差し支えがない。このように、現実の事態では両者が競合することは多いが、この両者は法律上の観念を異にし、法律上の手続を異にしているので、現実の場合に、どちらの目的でどちらの手段を用いているかを明確に認識しておくことが必要である。両者の手続はその目的に従って区別されるのであって、一の目的のために他の目的のための手段を用いることは許されない。特に刑事手続については、憲法に定められた事項が多く、刑事目的のために他の行政上の手段を用いてはならないことについては、憲法上の要請があることに留意しておくことが必要である。

9　「必要な最小の限度において用いるべきもの」というのは、警察上の手段の行使について比例の原則に従うべきことを特に注意的に規定したものである。

比例の原則とは、国民の自由の拘束制限は、警察上の必要（社会上の障害の除去）の程度と警察権限の行使（個人の自由の制限）の程度とが普通の社会通念によって是認できる程度に比例したものでなければならないとする原則である。

軽微な社会上の障害を除くためには、それに比例するような軽微な自由の制限だけが許されるのであって、必要の程度を超えて国民の自由を拘束することは違法となるものである。

右のような比例の原則は、警察の活動のみならず、およそ行政権限をもって国民の権利、自由を制限する場合につねに尊重されなければならないが、社会公共のために相手方の自由を拘束することを本質とする警察の活動については、特に強くその遵守が要請される。

本法に基づく警察上の手段については、それぞれ各条でその行使の対象、要件、態様、程度等についての定めがされており、現実の事態に当面した場合に警察官が具体的にこれらの規定を適用するのであるが、千差万別の社会事象に対応するためには、ある程度個々の警察官の裁量によらざるを得ない部分がある。しかし、その裁量は警察官の自由な判断に任せられた自由裁量ではないことは、当然であるが、このことをここで注意的に規定している。このような規定は、本法のほかに、警察法第二条第二項にみられるが、道路交通法、銃砲刀剣類所持等取締法その他の警察権限に関する法規には、いちいち規定されていない。しかし、それらに基づく権限行使についても、同様の原則が適用される。

10　「その濫用にわたるようなことがあってはならない。」　警察の活動は、社会公共の秩序の維持のために国民の権利、自由を制限することを含むものであるから、これを濫用することは、直ちに憲法の保障する国民の基本的な権利、自由を違法に侵すこととなるため、その濫用は厳に戒めなければばならないものであることを特に注意的に規定している。本法に基づく権限の行使が濫用されたものであるかどうかは、㈠　本法第一条に定める目的のために行われたかどうか　㈡　本法各条に定める権限行使の要件、態様及び程度に適合しているかどうか　㈢　比例の原則に適合しているかどうかによって判断される。これらの要件に適合した職権の行使は、社会公共のため必要なことであって、もちろん「違法」なものではないから、たとえ相手の権利、自由を侵害しても、責任を問われることはない。しかし、この要件を逸脱し、権限を濫用した場合には、次のような責任を負うこととなる。

⑴　行政上の責任　　国家公務員又は地方公務員の職務上の義務に違反したものとして法律上の制裁を科せられ、懲戒責任を負うこととなる（国家公務員法第八二条、地方公務員法第二九条）。

⑵　民事上の責任

ア　私法上の関係において故意又は過失により他人の権利を侵害した場合には、加害者は被害者に対してその損害を賠償しなければならない（民法第七〇九条）。加害者が公務員であっても同じである。公務員の職務を離れた日常の生活行動についてはもちろんであるが、職務上の行為であっても、「公権力の行使」に当たるものでなければ、右の民法の適用がある。

イ　国又は公共団体の公権力の行使に当たる公務員が、その職務を行うについて、故意又は過失によって違法に他人に損害を加えたときは、国又は公共団体が賠償の責に任ずる（国家賠償法第一条第一項）。警察権の行使は、公権力行使の典型的なものであるから、本法による権限（強制権限に限らず、任意手段の場合も含まれる。）を濫用して違法に他人に損害を加えた場合には、原則として国又は地方公共団体が賠償責任を負う。この場合の国や公共団体の責任は、公務員の責任に代わる代位責任ととらえ、公務員個人は被害者に対して賠償責任を負うことはないというのが通説であり、判例も同様の立場に立っている（最高判昭和三〇・四・一九民集九巻五三四頁）。もっとも、公務員に故意又は重大な過失があったときは、国又は公共団体は、その公務員に対して求償権を有する（国家賠償法第一条第二項）。

⑶　刑事上の責任　　警察官がその職権を濫用して違法に他人の権利を侵害した場合には、その限りで、刑法第三五条の「法令又は正当な業務による行為」ではなくなるから、違法性は阻却されず、刑罰法規に触れる範囲内で刑事責任を負うこととなる。例えば、刑法に定める職権濫用罪（第一九三条）、特別公務員職権濫用罪（第一九四条）、特別公務員暴行陵虐罪（第一九五条、第一九六条）、あるいは、住居侵入罪（第一三〇条）、傷害罪（第二〇四条）等の罪を構成する場合がある。

# 第三章　質　問

**第二条**　（質問）警察官は、異常な挙動その他周囲の事情[1]から合理的に判断して[2]何らかの犯罪を犯し、若しくは犯そうとしている[3]と疑うに足りる相当な理由のある者又は既に行われた犯罪について、若しくは犯罪が行われようとしていることについて知っている[4]と認められる者を停止させて[5]質問する[6]ことができる。

**2**　その場で前項の質問をすることが本人に対して不利であり、[7]又は交通の妨害になると認められる場合においては、質問するため[8]、その者に附近の警察署、派出所又は駐在所[9]に同行することを求める[10]ことができる。

**3**　前二項に規定する者[11]は、刑事訴訟に関する法律の規定によらない限り、身柄を拘束[12]され、又はその意に反して警察署、派出所若しくは駐在所に連行[12]され、若しくは答弁を強[12]要されることはない。

4[13] 警察官は、刑事訴訟に関する法律により逮捕されている者については、その身体について凶器を所持しているかどうかを調べることができる。

本条は、犯罪に関連のある異常な状態において警察官が特定の者に質問し、あるいは同行を求めることなどの手段を用いることを定め、もって、犯罪の発生を未然に防ぎ、あるいは、犯罪捜査を進め、公共の安全と秩序の維持という警察の目的を達成しようとするものである。

戦前は、行政警察規則（明治八年太政官達第二九号）第三章第二四条「怪シキ者ヲ見認ルトキハ取糺シテ様子ニ依リ持区内（出張所）ニ連行或ハ警部ニ密報シ差図ヲ受クヘシ倉卒ノ取計アル可カラス」の規定を根拠とするいわゆる不審尋問が行われていた。警察官が特定の場合に問を発して疑念を晴らすことは、その責務を遂行するため必要不可欠のことであり、また、責務を定められた以上当然行い得ることであるが、本法は、日本国憲法及び警察法の趣旨に照らし、その行使の要件、限界等を明確にするため、本条の規定を置いたものである。

1 「異常な」とは、不自然な、変わった、普通でない、又は正常でないなどの意味であり、「挙動」とは、人の言語、動作、態度、着衣又は品物の携帯等をいう。「周囲の事情」とは、時間的又は場所的に見た周りの状況のことである。異常な挙動その他周囲の事情からみて、犯罪を犯し又は犯そうとしている者とは、例えば、深夜に大きなふろしき包みを持って急ぎ足で路地から出て来た者、警察官の姿を見てコソコソと隠れようとする者、服に血痕のようなものが付いている者、夜中に出刃包丁を携帯している者、家人のいない家をこっそりのぞき込んでいる者、選挙の演説会場に凶器のようなものを持って入ろうとする者等である。

2　「合理的に判断して」とは、この職務を行う警察官が、主観的に、独断的にそう考えただけでは不十分で、普通の社会人がその場合に臨んだら当然そう考えたであろうと思われるような客観性が必要であるという意味である。

3　「何らかの犯罪を犯し、若しくは犯そうとしていると疑うに足りる相当な理由のある者」とは、具体的には1に挙げた例に該当するような者で、質問の対象の第一の種別である。この種別は、更に、何らかの犯罪を犯したと疑うに足りる者と何らかの犯罪を犯そうとしていると疑うに足りる者とに分かれる。ここにいう「犯罪」とは、刑罰法規に触れるすべての行為の意味で、客観的に犯罪構成要件に該当する違法な行為であれば足り、有責であるかどうかは問わない。したがって、例えば、正当な業務による行為、正当防衛による行為等は、たとえ犯罪構成要件に該当する行為であっても、違法性はないから、ここでいう犯罪を犯し又は犯そうとするに該当しない反面、ここでは犯意があるかどうか、心神喪失の者であるかどうかなどの有責性を判断する必要はなく、客観的に犯罪構成要件に該当する違法な行為であればここでいう犯罪を犯し又は犯そうとするに該当し、本条の発動の対象となる。

(1) 何らかの犯罪を犯したと疑うに足りる相当な理由のある者

ア この要件に該当する者を対象とする質問は、犯罪捜査の端緒を得、あるいは犯罪捜査を進めるためのものであり、被疑者の取調べまたは逮捕の前提としての役割を果たすものである。捜査機関たる警察官は、犯罪があると思料したとき、すなわち、犯罪があったことの疑いが生じたときは、いつでも捜査を始めることができる（刑事訴訟法第一八九条第二項）。犯罪の疑いは、いろいろな事象によって生じる。例えば、告訴、告発、自首、被害届等があれば当然犯罪の疑いが生じるが、さらに、変死者の検視、新聞紙その他出版物の記事、投書、風説の聞込み等によって犯罪の疑いが生じることも多い。本条による質問も、これらと並んで、犯罪の端緒を得る極めて有力な手段である。この場合の質問は、取調べ又は逮捕等と密接に関連している。

〈判　例〉

大阪高裁　昭和二九・四・五判決

（要旨）　警察官及び警察吏員は、犯罪捜査のためにも挙動不審者に対し警察官職務執行法第二条第一項に基づき質問をすることができ、同条第二項の場合には質問のため付近の警察署又は巡査派出所等に同行を求めることができるのであつて所論のごとき犯罪予防の場合にのみ限られるものでないことは文理上極めて明瞭である。犯罪予防の段階においてのみ許されるものと主張する所論は法文の趣旨を故らに曲解するものであつて左袒し難い。そして右の質問又はそのための同行はもとより強制的なものではなく刑事訴訟に関する法律の規定によらない限り身柄を拘束され又はその意思に反して連行され若しくは答弁を強要されることはないのであるから右の措置は憲法及び刑事訴訟法に抵触するものではない。

イ　「何らかの犯罪」とあるのは、何らかの刑罰法規に触れる行為という意味で、その犯罪がいかなる犯罪であるか、いかなる法規に触れる行為であるかということ、あるいは被疑事実の内容等が分かっている必要はない趣旨である。通常逮捕、緊急逮捕、現行犯逮捕等の場合は、「被疑者が罪を犯した」、「現に罪を行い」又は「罪を行い終わった」場合で、「何らかの罪」ではなく、いずれも被疑事実の概要が確定していなければならないが、質問の場合は、何らかの犯罪の疑いさえあれば足り、被疑事実の内容は不明確の状態で行うことが可能である。

ウ　「疑うに足りる相当な理由」というのは、本条の前段の「合理的に判断して」という用語と関連しており、疑問について客観性のあること、すなわち、警察官の個人的な主観や勘で単に「あいつは怪しい」という程度では足りず、通常の社会人が見てもなるほど怪しいとうなずける程度のものであることを必要とする趣旨である。「相当な」理由というのは、通常逮捕の場合における「相当な理由」と同じ文言であるが、職務質問は身柄を拘束する訳ではなく、また、犯罪事実が特定されていない段階でも行われるものであることから、本条の場合については、何らかの犯罪を犯し、又は犯そうとしているとの疑いを抱くことに一応の客観的な合理性があると認められる程度の理由があれば足りる。

(2)　何らかの犯罪を犯そうとしていると疑うに足りる相当な理由のある者

「犯そうとしている」場合であるから、この要件に該当する者を対象とする質問は、犯罪予防のためのものである。警察官はこの者を停止させて質問することによって犯罪の遂行を思い止まらせ、あるいは犯罪の発生を未然に探知することができる。

4　「既に行われた犯罪について、若しくは犯罪が行われようとしていることについて知つていると認められる者」は、本条による質問の対象の第二の種別のものである。この種別は、更に、既に行われた犯罪について知っていると認められる者と、犯罪が行われようとしていることについて知っていると認められる者とに分かれる。これらの者も本条の職務質問の対象となり、警察官の適法な停止、質問の行為に対し、これを受忍しなければならない。これらの者は、3の場合と異なり、第三者の立場にあるものであるが、これらの者が本条の権限の対象とされているのは、犯罪の予防又はその捜査の端緒を得るための必要から認められている。なお、本条本項前段の「異常な挙動その他周囲の事情から合理的に判断して」という文言は、「疑うに足りる相当な理由のある者」にかかり、「又は」

以下の「既に行われた犯罪について……知つていると認められる者」にはかからない。ここにいうのは、参考人や被害者の立場に立つ人であって、本人が犯罪を犯したり、犯そうとしているのではないから、異常な挙動をしているわけでもなく、認めるについてそのような判断の基準を定める必要もないのである。

(1)　既に行われた犯罪について知っていると認められる者

例えば、犯罪の被害者、犯罪の現場に居合わせた者、交通事故の際の乗客等がこれに当たる。これらの者に対する質問は、3の(1)の場合と同様、犯罪捜査の手掛かりを得又は犯罪捜査を進めるのに役立つものであり、被害者や参考人の取調べの前提となることがある。

(2)　犯罪が行われようとしていることについて知っていると認められる者

例えば、「ケンカが始まりそうだ」と騒いでいる者、夜間に助けを求めて走ってくる者等がこれに当たる。これに該当する者に対する質問は、3の(2)の場合と同様、犯罪の予防に役立つ場合が多い。これに該当する者は、実際には、警察側に申告、届出をする場合が多く、警察官が外見上これに該当すると認めて本条の権限を行使することは少ない。申告、届出があれば、それについて事情を聞くため質問することとなるが、それは警察責務遂行上当然なし得べきことで、本条による停止、質問と考える必要はない。

5　(1)　「停止させて」質問することができるというのは、動いている者を止めて質問できる状態に置くことができるという意味である。歩行者であればそれを呼び止めて立ち止まらせ、自動車や自転車に乗っている者であれば停車させ、場合によっては下車させることができる。動いていない者すなわち、既に立ち止まっている者や休んでいる者については、それを「停止させる」必要はなく、ただちにその者に対し質問できることはもちろんである。

(2) 本条による停止は、「停止を求めて」質問する方法、すなわち相手方の意思によって行う任意手段として行使されるものである。この質問の要件は、千差万別の社会事象を対象とするものであるため、このように広い範囲で定められているのである。急迫性を要件としたのでは、実際に権限を行使する場合が限られて、警察目的を十分に達成することができなくなるから、このようにゆるい要件で定められたことは意味がある。

停止の手段の行使の態様は、要求又は説得にとどまる。すなわち相当の疑いがある者であっても、せいぜい強い語調で呼び止めて追及するという程度にとどまるべきであって、みだりに実力を用いることは許されない。説得の過程において例外的に実力を用いることが許される場合もあるが、その程度はあくまで強制にわたってはならないし、かつ、その行使の態様は、事態の急迫性、疑惑を晴らす必要性と常に比例すべきものである。相手の疑惑が特に濃いものである場合には、背後から肩に手を掛けて止めたり、自転車に手を掛けたり、大手を広げて止めたりすることが許される場合があろう。また、実力を用いるといっても、それは質問するため一時的に停止させる限度にとどまるべきで、犯罪予防のための制止や、刑事手続としての犯人逮捕のような態様にわたることができないことはもちろんである（第三項に注意規定を置いているのは、この意味である。）。すなわち、身柄の拘束にわたるような継続的な態様で実力を用いることは、いかに疑惑が濃く急迫性があっても、本条による停止の手段としては許されない（疑惑が特に濃く、被疑事実の概要が確定する程度に至れば現行犯、準現行犯逮捕又は緊急逮捕として逮捕できる場合がある。）。

6　(1)　「質問」は、特定の者に問を発して、警察官がその疑念を晴らし、あるいは警察目的上必要なことを了知することである。これによって、犯罪の発生を予防し、あるいは犯罪捜査の手掛かりを得、捜査を遂行し得るのである。被疑者取調べの段階ではないから、刑事訴訟法第一九八条に定める供述拒否権を告知する必要はない。

(2)　質問は、事の性質上、一方的に実力を加えてその目的を達することは不可能で、相手がその意思で答えてくれなければ意味がない。すなわち、手段としては、任意手段の一つである。本法で任意手段を定めた理由は、総論《二》の2で述べたとおりであるが、本条では、第一項に定める要件に該当する者について「停止させて質問する」ことができるとしたところに主な意味がある。質問は、疑念を晴らし、警察上必要なことを知るため行うのであり、通常は、相手の住所、氏名、年齢、行先、その場所にいる理由、所持品の有無又はその内容その他の疑点について行われる。疑念が晴れれば質問を打ち切るべきで、容疑のない者についていつまでも執ように質問を続行するのは、警察目的からみて行き過ぎであるが、その反面、容疑の濃い者については任意手段の限界の範囲内で納得のゆくまで追及すべきであって、相手が嫌がるからといって簡単に打ち切ることは、警察責務の遂行に忠実ではない（後掲判例㈣、㈥参照）。本条第三項に答弁を強要してはならない旨の注意規定があるが、これは、右のような説得による任務の遂行を禁ずる趣旨ではない。行政法規によっては、当該職員の質問を拒んだり、質問に対して答弁をしないことについて罰則を設けているものもある（例えば、高圧ガス保安法第八三条、薬事法第八七条、毒物及び劇物取締法第二五条等）。これらの場合は、答弁することを罰則によって間接に強制しているのであるが、本法には、このような罰則はないから間接強制でもない。

(3)　質問は、主として、口頭によって行うものである。しかし、必ずしも口頭のみによらない。例えば、質問の相手が何らかの犯罪を犯し、又は犯そうとしている疑いのあるものである場合に、その者の上衣のポケットが異常にふくらんでいるときには、「これは何か」、「これは刃物らしいが見せてくれないか」といいながら、ポケットの上からさわったり、ポケットを軽くたたいてみたりすることは、社会通念上質問に付随する行為として、本条の質問の内容をなすものと考えられる。しかし、更に進んでその者のポケットの中の所持品を点検することは、本条の質問の範囲外である。それでは、所持品の点検がまったく許されないかといえばそうではない。総論の《二》で述べたとおり、任意手段の範囲内で行うのであれば、個別の法律の根拠を要しない。例えば、「見せてくれないか」

という質問に応じて、ポケットの中の物を取り出して、「どうぞ見てください」といって広げれば、それを調べることは、もちろん差し支えない。多少嫌がるようであってもいろいろと説得し、相手がそれを取り出すように仕向けることも、任意手段の一方法である。ただ相手がどうしても拒んでいる場合に、警察官が力ずくで取り出して調べることは、捜索に当たるので許されず、極めて高い疑いがある場合にバッグのチャックを開け一べつする任意の行為が認められることがあり得るにとどまる（質問の範囲内のものであっても、強制手段はとれず、説得の程度にとどまる。質問の範囲外の行為であっても、説得行為が許される場合がある。したがって、質問に付随するものであるかどうか、質問の範囲内であるかどうかを区別することはあまり実益はない。なお、裁判例としては、福岡高裁昭和四五・一一・二五決定があるほか、法秩序全体の見地から若干の実力行使を伴う所持品検査を質問に付随する行為として適法と認めた東京高裁昭和四七・一一・三〇、東京地裁昭和四八・一〇・二、同昭和五〇・一・二三、東京高裁昭和五一・二・九、鳥取地裁昭和五一・三・二九、東京地裁昭和五一・五・七各判決がある）。

⑷　銃砲刀剣類所持等取締法第二四条の二に（銃砲刀剣類等の一時保管等）として、「警察官は、銃砲刀剣類等を携帯し、又は運搬していると疑うに足りる相当な理由のある者が、異常な挙動その他周囲の事情から合理的に判断して他人の生命又は身体に危害を及ぼすおそれがあると認められる場合においては、銃砲刀剣類等であると疑われる物を提示させ、又はそれが隠されていると疑われる物を開示させて調べることができる。

②警察官は、銃砲刀剣類等を携帯し、又は運搬している者が、異常な挙動その他周囲の事情から合理的に判断して他人の生命又は身体に危害を及ぼすおそれがあると認められる場合において、その危害を防止するため必要があるときは、これを提出させて一時保管することができる。」(第三項以下略)と定めている。第一項は、銃刀類等の所持の疑いがある者について警察官がこれを提示させ又は開示させて調査する権限があることを確認するとともに、その権限行使の要件を明らかにしたものであり、第二項は、それを提出させて一時保管する権限を定めたものである。いずれも、相手方の所持品を相手方がその意思で提示、開示又は提出するように促すことを定めており、相手方の意思に反して警察官がこれを開いたり、取り上げたりすることを認めていない点で、強制手段でなく、説得手段を規定したものである。第一項の調査は、本条の職務質問に付随し、それと並行して行われるのが通例であろう。(3)で述べたように、職務質問に付随するこのような任意の行為は、特に銃砲刀剣類所持等取締法の規定のような明文の根拠がなくても、警察法第二条を根拠として行うことが許されると解されるが、犯罪に供用されることが多く、しかも、他人の生命、身体に危害を及ぼす危険性が強い銃刀類等については、特にそのことを確認して、危害防止のための警察官の権限行使の態様と責務とを明らかにしたものと思われる。銃刀類等以外の凶器(例えば、棍棒、鉄棒、チェーン等)についても、この銃砲刀剣類所持等取締法に定める要件及び説得手段の態様が類推されるべきものと考えられる。

(5) 一般の通行人又は自動車に対して一斉検問を行うことがあるが、本法との関係はどう解することになるか。警察の責務達成に必要な警察活動であれば、通行人又は自動車に対して一斉検問を行うことはできる。これは、本法によるのではなく、警察法第二条の責務を達成するために行うのであり、手段としては任意手段に限られる。停止について多少でも実力を用いるには、被質問者について本条の要件が備わっていることが必要である。重要な犯罪事件が発生したときの緊急配備で通行人又は自動車に一斉検問をする場合は、客観的な「周囲の事情」から通行人や自動車の運転者に停止質問をする要件が備わっていることが多いであろう（なお、後掲判例(十二)は、自動車検問について消極に解した地裁判決を覆したものである。）。

⑹　本条による停止、質問については、裁判上問題となった例が多い。これは、第一には警察官がこの停止、質問の方法によって職務執行を行うことが非常に多いことや、立法以来本条の手段について統一した解釈が必ずしも確定していなかったため、当事者に疑問を抱かすことが多かったことによるものと思われる。下級審で消極に解されたものが上級審で是正されて積極に解されている例が多いことは、注目に価する。

〈判　例〉

㈠　福岡高裁　昭和二五・一二・二〇判決（積極）

**（要旨）**　酒に酔い、料理店の従業婦を追いかけるものに対し、警察官が同人を停止させて職務質問をしたことは、明らかに警職法第二条の適法な職務行為である。

㈡　札幌高裁函館支部　昭和二七・一二・一五判決（積極）

（要旨）　職務質問のため停止を要求してもその者がこれに応じなかつた場合これを停止させるに妥当な方法によつてその者の行動を停止させることは職務遂行のため必要なことで、具体的に妥当な方法と判断される限り暴行に亘らぬ実力を加えることは正当性ある職務執行上の方法である。該巡査が被告人の肩に手をかけた行為は、同巡査の質問に反抗的で且つ逃げようとする被告人を停止させて質問しようとする職務執行上の妥当な方法として用いられたもので、その場においての職務執行上正当である。

㈢　名古屋地裁　昭和二八・三・三判決（消極）

（要旨）　警察職員は、刑訴法等相当な根拠のない限り、答弁を強要することはできないのであるが、被告人は巡査の質問に対し答弁を峻拒したことは明白であるから、巡査はこの程度で質問を打ち切るべきであつたのに、被告人が逃走したからといつてこれを追跡し、被告人が転倒するや更に質問を続行し、暗に答弁を強要するがごとき態度に出たのは職務行為と認められない。

㈣　名古屋高裁　昭和二八・九・一判決（右㈢の控訴審）（積極）

（要旨）　相手方が質問に答えず、或いは停止を肯んじなかつたとしても直ちに質問を打切るべきではなくその具体的場合に即応し警察官としての良識と叡智を傾け臨機適宜の方法により或いは注意を与え或は翻意せしめて本来の職責を忠実に遂行するための努力を払うのが警察官の職務である。逃走する被告人を停止させて質問を続行するためには必然的に被告人の走る速度に順応してその跡を追いかけることは通常の手段であつて、（中略）これを目して強制手段であるとは考えられない。たまたま被告人が転んだ機会にその位置に接近し、逃げる理由を発問した行為をもつて答弁を強要したものとみることもできない。（同趣旨、本件上告審　最高裁昭和三〇・七・一九判決）

㈤　名古屋地裁　昭和二八・五・六判決（消極）

（要旨）　該巡査は、懸命に逃げる被告人を約一三〇米追つて追いつき、同人を引き止めようとしてその体に手をかけ逮捕的行為に出たのであるから、右は適法な職務行為の範囲を逸脱し、違法である。

㈥　名古屋高裁　昭和二八・一二・七判決（右㈤の控訴審）（積極）

（要旨）　被告人が隙を見てその場から逃げ出した行為は、当該巡査に何らかの犯罪を犯したのではないかとの疑念を抱かせるに至つたのは当然である。（中略）したがつて、当該巡査が他の巡査の職務質問を続行しまた自らの疑念のため職務質問を行なうことは許さるべきであり、そのためには警職法二条一項の法意に従い逃走する被告人を停止させて質問することができるものと解すべきであると同時に、またこれをなすことがその忠実な職務の遂行でもある。この場合停止させるに必要な手段方法は客観的に妥当であると判断される適切な手段方法を選ぶべく、決して暴行にわたる態度に出ずべきではないが、多少の実力を加えることも正当性ある職務執行上の方法である。停止を求めるためにその跡を追いかけることは通常の手段方法であつて強制的手段とは考えられない。背後よりその腕に手をかけたことも任意に停止しない被告人を停止させるためにはこの程度の実行行為に出でることは真にやむを得ないことであつて逮捕行為ということはできない。（同趣旨、本件上告審　最高裁昭和二九・七・一五判決）

㈦　東京高裁　昭和二八・一二・二〇判決（積極）

（要旨）　メーデー騒擾当時に血痕が附着し生々しい格闘のあとの見える二、三名の学生風の男を職務質問し、逃げ出した男を捕えたところ抵抗したので、これを公務執行妨害罪現行犯として逮捕した巡査の行為は適法である。

㈧　東京高裁　昭和二九・五・一八判決（積極）

（要旨）　逃げ出した被告人の行為に疑念を深くした両巡査が停止を求めるためにその跡を追いかけたことはきわめて当然の成行であり、追跡という行動は、相手の位置に接近する自然の手段であるから、強制的手段または逮捕行為と目することはできない。なお、（控訴の）論旨は、警職法二条一項は警察官に停止させて質問することを許しているのみであつて所持品を呈示させるが如きことは許していないと主張するけれども本件記録全体を精査しても両巡査が被告人に対しその所持品の呈示を求めたに過ぎないことは明らかである。（同趣旨、本件上告審　最高裁昭和二九・一二・二七判決）

㈨　東京高裁　昭和二九・六・三〇判決（積極）

（要旨）　数日前に朝鮮人が火炎ビンを投げてA市方面に逃走したという情報を得ていたA市警察官が市内で見かけない朝鮮人と見られる未知の通行人に対し一応職務質問をなし、外国人登録証明書の呈示を要求することは適法な行為である。

㈩　広島地裁　昭和三〇・九・三判決（消極）

（要旨）　警察官の職務行為に対し、被告人が紙片をえん下せんとした所為は、やや奇異に属するが、被告人に具体的な犯行を疑うにたる事実状況のないのに被告人の首等をつかみかかり実力を行使したのであるから右は適法な職務行為を逸脱した違法の処置というほかない。（同趣旨、本件控訴審　広島高裁昭和三一・六・一四判決）

㈩　仙台高裁　昭和三〇・一〇・一三判決（積極）

（要旨）　停止させることは、単に言語のみによるべきであつて物理的方法によることはすべて許されないと解すべきでなく、言語による場合でも語調の態度のいかんによつては許されないことがあり得ると同時に、物理的方法であつても、少くとも注意を促し、又は翻意を求めるために単に身体に手をかける程度のことは、それが強制にわたらない限り許されるものと解する。

㈪　大阪高裁　昭和三八・九・六判決

（要旨）　高速度で疾走する自動車に乗車している者に対しては、停車しなければ職務質問の要件の存否の判断をすることはもとより、かりに自動車に乗車している者に職務質問の要件を具えた者がいたとしても職務質問を行うことは事実上不可能である。そもそも同条の職務質問は、かかる高速度の交通機関を利用する者に対しては行なわないという前提のもとに立法されたものであろうか。警察官に職務質問の権限を認めた理由は、同条に定める要件の存する場合、警察官が質問をしてその疑念をはらし、或は犯罪捜査又は犯罪防止の手段を講じる手掛りを得させようとするにあり、それが公共の安全と秩序を維持するために必要であると考えられているからである。しかるに、文明の発達と共に自動車を犯罪の手段又は隠蔽の方法として利用する者が（以下自動車を利用する犯罪という）激増する事態を招き、高速度交通機関を利用する者に対しても同条一項の要件をみたす限り警察官の職務質問の権限を認むべき実質的理由があるのである。しかも同条第一項は相当な理由のある者、知つていると認められる者について自動車を利用する者を除外するものでないことは文理上からも明らかである。従つて、自動車を利用する者に対しても同条第一項は警察官に対し職務質問の権限を与えているものと解すべきであり、徐行しているオープンカーの如き場合を除き職務質問の要件の存否を確認するため自動車利用者の停車を求める権限をも合わせて与えたものといわなければならない。さらに運転者や乗客に職務質問の前提要件の存否を確かめるため二、三の質問をすることも相手方の任意の応答を期待する限度において許容されていると解するのが妥当である。しかしながら、自動車の停車を求める①手段が任意であり、②犯罪を犯し若しくは犯そうとしている者が自動車を利用しているという蓋然性があり、③比例原則にかなつたものでなければならない。

㈢　東京高裁　昭和四八・四・一三判決

（要旨）　警職法第二条第一項は警察官が職務質問の要件の存否を確認するため、自動車運転者に停止を求め、場合によっては停車を指示する権限をも合わせて与えたものというべく、もとよりそれは、すべての自動車に対し無制限にその停車を求める権限があるとは考えられないとしても、個々の自動車について検問の合理的必要性があり、かつその方法が適切であつて、自動車運転者に対する自由の制限が最小限度にとどめられる場合においては、職務質問の前提として自動車の停止を求め、場合によつては停車を指示することも許容されるものということができる。それで本件につきこれをみるのに、前認定のように取締の場所は往々飲酒運転の行なわれる道路であるのみならず、被告人は前記交差点を徐行義務を尽さないで通過しており（略）、しかも警察官の停車の合図を無視し検問を通過して逃げたものであるから、これらの場所的関係および被告人の運転状況から、A巡査らにおいて被告人が飲酒運転をしているのではないかとの疑念を抱くに至ったことは、合理的に判断していたし当然というべく、従つて同巡査らが自らの疑念を確めるため職務質問をすることは許さるべきであり、そのためには前記道路交通法第六七条第一項および警職法第二条第一項の各法意に従い、逃走する被告車を停止させて質問することができるものと解すべきであると同時に、またこれをなすことがその忠実な職務の遂行でもあるといいうるのである。してみれば、本件自動車検問ないし職務質問が前提条件を欠くことを根拠とする所論の失当なることは明らかである。

㈩㈣　名古屋高裁　昭和四九・一二・一九判決・確定

（要旨）　一般に、任意捜査の手続においては、強制にわたることは許されないのは当然であるが、具体的事案において、通常の方法によつては所期の説得の効果があげえない状況が存し、かつ、捜査上緊急の必要性が認められるため、やむなく軽度の実力を用いたとしても、これが直ちに任意捜査の適法性の限界を超える強制力の行使とはいえない場合があると解され、そうとすれば、その限界は、実力行使が当該事案における捜査の必要性、緊急性に即して客観的に相当と認められるか否かによつて決するのが相当と考えられる。（中略）被告人に酒酔い運転の合理的疑いが認められるものであるのに、被告人において、警察官や父親の飲酒検知を促す説得にも頑として応じず、（中略）被告人が呼気検査を拒否して立去れば捜査上著しい支障をきたすおそれのあつたことが明らかであり、また、被告人が母親の説得に応じることを承諾したため、これを信じて母親の来署を待つていた甲巡査らにとつては、被告人が立ちあがり出入口の方へ行こうとした行為は突然の出来事であつたと認められ、捜査の支障となる行為が急迫してなされたものというべきである。（中略）甲巡査が出入口の方へ向つた被告人の左斜め前に立ち、両手で同人の左手首をつかんだ行為の程度も左程強いものであつたとは認められないので、右甲巡査の行為は、被告人の飲酒検知拒否に対し翻意を促すためにとつた説得手段として、任意捜査の範囲内の客観的に相当な実力行使と認めるべきである。

㈩㈤　東京高裁　昭和五二・一〇・三一判決

（要旨）　職務質問が五分位で簡単にしか応答がえられず、その場を急いで立ち去る気配を示した場合、更に若干職務質問を続行するためその者の左手を押え、さらに交通の妨害にならないよう左腕をかかえて交差点近くの道路上から一米位離れた道端まで誘導することは警察官職務執行法二条一項にいう停止の方法として適法な職務執行と解せられるから、その際偶々バランスを失して自転車が転倒したとしても、これをもって警察官の違法な実力行使があつたということはできず、所論は採用できない。

(十六) 東京高裁 昭和五四・七・九判決

**(要旨)** 右に認定したような甲警部補が被告人らに対する職務質問を開始するに至るまでの事実経過に徴すると、同警部補が被告人らに対する職務質問を行おうとした主眼が那辺にあつたかはともかく、同警部補が被告人又は被告人運転車両の同乗者が走行中の車内から消火器を投棄するという道路交通法違反を犯した疑いを持つて職務質問に着手したことは否定できないところであつて、原判決に所論のような事実誤認はなく、右職務質問に着手するまでの事実経過に照らし、職務質問開始の要件に欠けるところはなかつたものといわなければならない。そして、前記認定のような事実関係、殊に職務質問に際し被告人らが示した前記のような態度のもとでは、甲警部補が、被告人らを停止させるため、左手を車内に差し入れてエンジンのスイッチを切ろうとしたり、発進した自動車のハンドルを左手でつかんで自動車を路端に寄せようと試みた行為は、警察官職務執行法二条一項の規定に基づく職務質問を行うため相手を停止させる方法として必要かつ相当な行為にあたるから、刑法九五条一項にいう職務の執行として適法なものというべきである。

7 第二項は、質問に継続する同行要求の規定である。「本人に対して不利であり又は交通の妨害になると認められる場合」とは、本条による同行要求をすることができる要件を定めたものである。「本人に対して不利」な場合とは、例えば、衆人環視の中で質問しては本人の名誉が傷つけられる場合や、寒気、雨雪がひどい場合等が考えられる。右のような要件のない場合には同行を求めることができないと解する説があり、また、同趣旨の判例もある（例えば、静岡地裁沼津支部昭和三五・一二・二六判決）が、警察目的遂行のため必要であれば、同行を求めることは差し支えないと考えられる（実際に同行を求める場合は、雪がふって本人が不利になるとか、他人の交通の妨害になるとかいうことよりも、容疑が濃くて道ばたでの質問では十分納得がいかないとか、警察官が加害されるおそれがあるというような場合が多い。）。ただし、相手の意に反して同行を強制することはできない。本条本項による同行要求は、次に述べるとおり、任意手段の範囲内に限られる。したがって、本項の要件は、あまり重要な意味を持つことにならないが、一つには、戦前において警察署への連行が濫用されたきらいがあったため、立法当時それを警戒する感情が強かったことや、規定の要件に合致する場合には、同行要求をある程度強く行い得ることを明確にしたいという意思から、本項が置かれたものと思われる。

8　「質問するため」とは本項による同行要求の目的を定めたものである。すなわち、同行を求めるのは、専ら質問を継続するためになすべきであって、本人を取り調べたり、逮捕したりする目的で行ってはならないという趣旨である（もっとも、質問の目的で同行し、質問した結果容疑が確かなものとなった場合に、被疑者の取り調べに移行し、場合によっては、逮捕することができないわけではない（その場合も、同行要求の目的は質問のためであることが必要で、結果として、刑事目的の手続が進んだだけである。））。

9　「附近の警察署、派出所又は駐在所」とあるのは、本項による同行先を定めたものである。質問するためであるから、実際上もこれらの場所に同行を求めるのが大部分であろうが、相手方が承諾するのであれば、これ以外の場所、例えば、犯罪現場や附近の家の軒下等に同行を求めても差し支えない。

10 「同行することを求める」とは、警察署等に警察官とともに行くことを求めることであって、任意手段を定めたものである（後掲判例㈢参照）。停止させる場合と異なり、ある程度の距離が関係してくるので継続的なものとなり、実力の行使にわたることは許されないものと解すべきであろう。このように、同行は、相手の任意によるものであるから、相手方は、一たん同意して警察署に同行しても、いつでも退去することができる。すなわち、身元照会等の回答があるまで署に留め置くのは、相手が承諾している場合に限るもので強制的に行うことはできない。

〈判　例〉

㈠　京都地裁　昭和二七・二・一五判決

（要旨）　被告人において同行の途中逃走しようとしたのであるが、これは承諾の撤回すなわち同行の拒否ということとなり、警察官の同行の職務行為はこの瞬間において終了したこととなる。一たん同行を承諾した以上任意にこれを撤回し得ない公法上の義務が発生するとの論は相当でない。しかしながら、本件においては、被告人が罪を行ない終つてから間がないと明らかに認められる客観的な理由があるから該巡査の行為は、準現行犯人の逮捕という適法な職務行為である。

㈡　東京地裁　昭和二七・一一・一五判決

（要旨）　両巡査が職務質問をしようとして同人を派出所に呼び入れ、その二階に同行するうち被告人はこれを嫌い急遽かけ下り屋外に飛び出したが、両巡査はなおも質問をしようとしてこれを追いかけ、被告人をとらえ抵抗する同人の腕をとつて派出所内に連行した際暴行を受けるに至つたものであるが、同巡査等が被告人に対し強いて質問しようとしたごときはいわゆる職務質問として職権外のことに属し、刑法第九五条にいわゆる「職務の執行」ということはできない。

㈢　東京高裁　昭和二八・一〇・二〇判決

（要旨）　職務質問に対し、被告人が黙秘したので派出所に同行を求めたところ、これに応ぜず帰宅を急いだ被告人に追随し、かつ暴行行為に出た被告人の自転車を逃げられぬようにつかまえた巡査の行為は、適法な行為である。

㈣　大阪高裁　昭和二九・四・五判決

（要旨）　警察官が暴行被疑者に対して同行を求めたところ被告人は該巡査に暴行したものであるが、同巡査の同行を求めた行為は職務執行法第二条に基づく適法な職務執行でこれに暴行した被告人の行為は公務執行妨害罪に該当する。

㈤　京都地裁　昭和二九・九・三〇判決

（要旨）　同行を求められた被告人がチューインガムの箱を整理してから行くというのに、その機会を与えず被告人の手を引張り、または胸もとをつかんで引張り連行しようとした警察官の行為は職務の範囲を逸脱したものである。

㈥　東京地裁　昭和三一・九・二九判決

（要旨）　暴行の急訴によりかけつけた警察官が犯行現場から菓子屋一軒を離れた所で被告人に遭遇し、職務質問続行のため同人を犯行現場まで任意同行することは、質問段階における一時的場所の移動であつて、適法な質問行為である。

(七)　山口地裁　昭和三五・八・九判決

（要旨）　昭和三五年四月三〇日午前一時頃O巡査は、寿司屋から無銭飲食をした者があるから来て欲しいとの連絡を受けてでかけた途中、寿司屋の主人から被告人を無銭飲食の犯人として示されたので事情を聞くため派出所まで任意同行を求めたところ、被告人もこれに応じた。派出所において被告人はO巡査の質問に対しあいまいな返事をして飲食の事実があるのかないのか要領を得ないので、同巡査は被告人を詐欺罪の現行犯として逮捕し本署で調べて貰う必要があると考え電話連絡をしていたところ、急に被告人が派出所から出ていこうとしたので待てといつて止めたが、被告人はそのまま足早で立ち去つた。同巡査はすぐ被告人のあとを追い、追いついてもう一度停止させて派出所に同行を求め、場合によつては現行犯人として逮捕すべく被告人の左手を摑えるや被告人はその手を振り切り同巡査の顔面を両手でなぐり、また足蹴をして暴行を加えて同巡査の公務の執行を妨害した。O巡査が派出所から逃げ出した被告人をさらに任意同行を求めるため手を摑み、あくまで引き止めようとしたことは適法な職務行為の域を逸脱したとの非難を免れないけれども、当時詐欺罪の現行犯人としては適法に逮捕し得る状況にあつて同巡査の右行為は、その逮捕に着手したものと見ることができるから適法な職務行為と認めるのが相当である。後述のように結局本件詐欺罪は成立しないけれども当時現行犯人逮捕の要件は一応具備していたと認められるから逮捕の適法性に影響はない。従つて弁護人の正当防衛に関する主張は採用できない。

(八)　山口地裁　昭和三六・九・一九判決

（要旨）　現場の状況についても既にみたように、道路には主として映画帰りの野次馬が二〇名前後いた程度で、夜間もおそく狭隘な商店街であるため諸車の通行も極めて稀で、（中略）格別現場での質問が（中略）交通の妨害になるおそれはなかつたと思われる。（中略）被告人は現場で不当逮捕だ弾圧だ等と大声でどなつて見物人にアピールしていた程であるから、その場での質問が被告人に不利であつたとも考えられないのである。（中略）A巡査等のした同行の方法は（中略）諸般の事情から合理的に判断して喧嘩という暴行事件の加害者ないしその関係人であるとする事情がないにもかかわらず、終始逮捕状がなければ応じないと拒否している被告人の両手をかかえるようにし、前後横を取り囲み、（中略）約五、六メートル引つぱつてジープ後方まで無理につれて行き、加えてその身体をつかみジープの後部座席におしあげて乗せたのであるから（中略）如何なる意味においても到底任意の同行とは解せられず、右は同行に名を借りた強制力によるいわれなき拘束か、被告人の意思に反する連行であつて、職務執行の正当な範囲を著るしく逸脱しており、結局この点において同法第二条第三項に違反する違法な職務行為といわなければならない。

㈨　熊本地裁　昭和四六・五・二七決定

（要旨）　被疑者が同行され本件逮捕状の執行に至るまでの各時点における具体状況を仔細に検討してみても、被疑者の身体に対し強制力が加えられたこと、もしくはそれと同等に評価されるべき事情の存在した形跡を認めうる的確な資料はなく、したがつて、逮捕状執行以前の時点において既に被疑者が実質的に逮捕状態に置かれたものとはにわかに断定することはできない。ただ、被疑者において、同日やむを得ない所用を理由にK署への同行をしぶつたところ、警察官が容易にこれを認めない態度を示し、即時同行の要請を維持したことにより、結局これに応じ、かつ警察の自動車により同行されていることが明らかであり、かような事情のもとにおいては、はたして任意同行の限界を超えていないとするには疑がないわけではないけれども、本件の場合右同行要請を拒もうと思えば拒み得る雰囲気にあつたことを被疑者自身認めており、また、官用車を利用したことも被疑者の選択に基づくことがうかがわれるのであるから、これら特殊事情のある本件においては、警察官の右措置が心理的強制となり、ひいては実質的逮捕と評価しなければならない程度にまで至つていたとはたやすく肯認しがたいのである。

㈩　東京地裁　昭和五三・九・二一判決

（要旨）　次に、原告に対し甲巡査が道玄坂上派出所に任意同行を求めた行為の違法性について考えるに、警察官職務執行法二条二項及び三項によれば、その場で質問をすることが本人に対し不利であり、又は、交通の妨害になると認められる場合には、本人の意に反しないかぎり、付近の派出所等に同行を求めることが許されているところ、前認定のとおり甲巡査が原告に対し職務質問をした場所は比較的人通りが多く、質問することは交通の妨害になると認められる所であり、また、甲巡査は、同行を求めるに当たつて原告に対し強制力を用いず、説得の方法によつたのであるから、甲巡査が原告に対し、道玄坂上派出所に同行を求めた所為は、適法なものであつたというべきである。

㈩㈠　東京地裁　平成二・六・二六判決

（要旨）　したがって、警察官が、刑事訴訟法の規定によらずに私人に対して警察署等への同行を求めた際に、その者が明示的に同行を拒む場合には、実質上逮捕と同視されるような強制を加えて同行させることは違法であるが、だからと言って、職務質問を続行して任意同行を求めることが直ちに許されなくなるものではなく、これに応じるように説得し、翻意を求めることは可能であり、右規定の解釈としてその際、強制にいたらない限度で有形力の行使を含めて必要かつ相当な手段を用いることは許されると解される。

しかしながら、また、右特段の事情がない場合であっても、警察官において再度の同行を求めた場合、被同行者本人が警察官の求めに応じ、その自由な意思に基づいて再度の場所の移動に同意した場合にまでこれを禁じる必要性はなく、再度の同行も許されるものと解すべきであり、ただ、この場合、このように再度の同行を求めるための説得の手段としては、警職法二条二項に基づいて最初に同行を求める場合には警察官において強制手段にわたらない限り有形力の行使をも含めて必要かつ相当の手段を行使しうるのに対し、より穏やかな態様のものしか許されないものと解するのが相当である。

11　「前二項に規定する者」とは、第一項の停止質問又は第二項の同行要求の対象となった者である。

12　「身柄を拘束」するとは、継続的に身体の自由を奪うことであり、「連行」とは、一定の場所に強制的に同行することである。刑事訴訟法には、これらに関する規定として、勾引（第五八条）、勾留（第六〇条）、逮捕（第一九九条、第二一〇条、第二一三条）、収容（第四八五条）等がある。刑事訴訟法のこれらの規定に該当する場合には、被質問者の身体について強制的な権限を行使できる（なお、答弁を強要することは刑事訴訟法の規定によればできるというわけではない。刑事訴訟法第一九八条第二項は、取調べの際の供述拒否権を定めている。）。本項の法文は、これらの刑事訴訟法の規定による場合以外には、強制的な措置をとることができないようにも読めるが、強制的権限の定めは刑事訴訟法だけに限らない。例えば、本法においても保護（第三条）、制止（第五条）等の定めがあり、他の法令でも、例えば、更生保護法による引致（第六三条）、少年法による同行（第一一条、第一二条、第一三条）、児童福祉法による一時保護（第三三条）等の規定があるが、質問の対象者がこれらの規定の要件に該当する場合には、これらの規定に基づいてその身体の自由を拘束することができるのであって、本項によって禁じられるわけではない。本項の趣旨は、第一項及び第二項の規定による停止質問、同行要求の権限は、身柄の拘束、連行、答弁強要にわたることのないように解釈され、運用されるべきものであることを注意的に定めたものであると考えられる。なお、第一項の停止を行う場合に、一時的に多少の実力の行使にわたることは、ここにいう「身柄の拘束」にあたるものではなく、また、質問するについて、任意手段の説得の範囲内で追及することは、ここにいう「答弁の強要」にあたるものでないことは、それぞれの注解で述べたとおりである。

13 ⑴ 本条第四項は、刑事訴訟法により身柄を拘束されている者について、危険防止、自害防止等の目的のため、凶器の所持の有無を強制的に取り調べることができるとする規定である。したがって、その内容は、質問や同行要求に直接関連する手段ではないが、質問の結果、逮捕事由を発見して逮捕した場合に、その場で凶器の有無を調べるのが必要な場合が多いことを予想して、本条に規定したと解される。

⑵ 刑事訴訟法による逮捕には、通常逮捕（第一九九条）、緊急逮捕（第二一〇条）、現行犯逮捕（第二一三条）の三種があるが、本項にいう逮捕は、その趣旨から考えて、身柄の拘束という意味に解す

べきであり、右のほか、勾引状、勾留状の執行（第七〇条）、収容状の執行（第四八八条）による身柄の拘束の場合を含むものであろう。

⑶　「凶器」とは、社会通念上人を殺傷するに足りる性能を有する器具をいう。凶器には、その物の本来の性能が人を殺傷するに足りるもの又はその用途が人を殺傷するものであるもの、例えば、小銃、けん銃その他の銃砲、槍、刀、なぎなた等の刀剣類、包丁、かみそり、火炎びん、爆薬、火薬、催涙弾、目つぶし等（これらを性質上の凶器という。）と、その物の本来の性能、用途は人を殺傷するものではないが、その用法によっては人を殺傷することができるもの、例えば、鉄棒、こん棒、バット、木刀、爆竹、ペンチ等（これらを用法上の凶器という。）とがあるが、ここでは、この両者を含む。

⑷　本項は、強制手段として取り調べる権限を定めたものであって、相手方の承諾は必要でなく、実力をもって凶器の有無を点検することができる。ただ、この規定は、証拠保全のための身体検査を定めたものではなく、警察官の危険防止、相手の自害防止の目的のため、令状なくして凶器点検をすることを定めたものであるから、その強制力もこの目的達成に必要な限度で用いるべきものである。したがって、裸にしてまで調べることは許されず、通常は、衣服の上から調べれば足り、必要な場合に、上衣を脱がせ、あるいは懐中、ポケット、腹巻、靴等の中を調べるのが限度であろう。

⑸　刑事訴訟法第二一八条は、犯罪捜査のため必要があるときは、令状により差押え、捜索又は検証することができ、この場合身体の検査は身体検査令状によらなければならない旨を定めている。ま

た、同法第二二〇条は、逮捕の現場で差押え、捜索、検証をするには令状を要しない旨を定めている。これらの規定と本項との関係はどうか。

本項の規定は刑事訴訟法第二一八条の例外規定であって、犯罪捜査上の身体についての捜査の一方法を定めたものとし、逮捕現場では、第二二〇条で身体検査できるが、それ以後は、この本法本条の規定によって凶器の捜索だけは令状なしで許されると解する説や、逮捕に際して凶器類を取り上げて逮捕を確実にすることができることは当然であり、本法はこの当然のことを規定したまでで、刑事訴訟法第二一八条の例外を定めたものではないという説もある。

しかしながら、刑事訴訟法の規定が、証拠品の捜索及びその保全のための身体捜検の規定であるのに対し、本条は、本人及び他人の生命、身体、財産の安全を確保するという目的達成のため必要な凶器発見のための強制手段を定めたものであると解される。ただし、実際の効果としては、両者の力が競合する場合が多いが、両者の目的の相違から、その強制力行使の手続及び限界に若干の差が生じる。すなわち、本法によれば、逮捕の現場ではもちろんであるが、現場でなくても令状なくして身体について凶器の点検ができるが、その実力の行使は、当面の目的達成のため必要な限度内に限られるのであって、証拠保全等の目的のため身体全部について徹底的に検査を行うには、刑事訴訟法により令状によることが必要になると解される。

⑹　凶器の有無を調べて発見した場合、本人が承諾すればそれを保管することはもちろん可能であ

るが、強制的に取り上げて、保管することについては、本法は規定を置いていない。しかし、危険防止、自害防止という目的のために必要な範囲内で、強制的に取り上げ、保管することができると解すべきであろう。刑事訴訟法も、逮捕という身柄拘束の当然の効果として強制的に取り上げ、保管することができると解されており、また、その凶器が証拠物件であれば差押え又は領置をすることができる。

(7)　本項は、刑事訴訟法により身柄を拘束された者についての規定である。前に述べたとおり、身柄を拘束できるのは、刑事訴訟法による場合だけではない。本法の保護（第三条第一項第一号）、制止（第五条）、少年法の同行（第一一条から第一三条まで）、児童福祉法による一時保護（第三三条）等は、いずれも強制的に身体を拘束することを認めている。このような身体拘束の規定がある場合には、その法規の定める目的を達成する限度内で、凶器類を強制的に調べて取り上げ、これを保管することができるものと解される。

# 第四章　保　　護

**第三条**　（保護）警察官は、異常な挙動その他周囲の事情から合理的に判断して[1]次の各号のいずれかに該当することが明らかであり、かつ、応急の救護を要すると[2]信ずるに足りる相当な理由のある者を発見したときは、取りあえず[3]警察署、病院、救護施設等の適当な場所[4]において、これを保護しなければならない。[5]

一　精神錯乱[6]又は泥酔[7]のため、自己又は他人の生命、身体又は財産に危害を及ぼすおそれのある者[8]

二　迷い子、病人、負傷者等[9]で適当な保護者[10]を伴わず、応急の救護[11]を要すると認められる者（本人がこれを拒んだ場合を除く。）[12]

2　前項の措置をとつた場合においては、警察官は、できるだけすみやかに、その者の家族、知人その他の関係者[13]にこれを通知し、その者の引取方について必要な手配[14]をしなければならない。責任ある家族、知人等が見つからないとき[15]は、すみやかにその事件を[18]適当な公衆保健若しくは公共福祉のための機関[16]又はこの種の者の処置について法令により責任を負う他の公の機関[17]に、その事件を引継[18]がなければならない。

3　第一項の規定による警察の保護は、二十四時間をこえてはならない[19]。但し、引き続き保護することを承認する簡易裁判所（当該保護をした警察官の属する警察署所在地[20]を管轄する簡易裁判所をいう。以下同じ。）の裁判官の許可状[21]のある場合は、この限りでない。

4　前項但書の許可状は、警察官の請求[22]に基き、裁判官において已むを得ない事情[23]があると認めた場合に限り、これを発するものとし、その延長に係る期間は、通じて五日[24]をこえてはならない。この許可状には已むを得ないと認められる事情を明記しなければならない。

5　警察官は、第一項の規定により警察で保護をした者の氏名、住所、保護の理由、保護及び引渡の時日並びに引渡先を毎週簡易裁判所に通知しなければならない。[25][26]

本条は、警察法第二条に定める個人の生命、身体の保護の責務を遂行するための具体的な一方法として、精神錯乱者、迷子等が応急の救護を要する状態にある場合に、警察官が取りあえずこれを保護すべきことを定めたものである。警察の保護は、戦前は、行政執行法第一条第一項「当該行政官庁ハ泥酔者、瘋癲者、自殺ヲ企ツル者其他救護ヲ要スルト認ムル者ニ対シ検束ヲ加ヘ、兇器其ノ他危険ノ虞アル物件ノ仮領置ヲ為スコトヲ得」の規定によって行われた。しかし、この規定による「保護検束」は、当時の社会情勢を背景として濫用されたきらいがあったので、本条においては、警察官の保護の職務を定めると同時に、その濫用の危惧の念から、極めて詳細な要件と手続を定めている。

1　「異常な挙動その他周囲の事情から合理的に判断して」とは、次の「信ずるに足りる相当な理由のある者」にかかる。その趣旨は、第二条の場合と同じく、保護すべきかどうかの判断について、警察官の一方的な、主観的な判断を排斥し、社会通念による客観的判断によるべきことを求めているところにある。すなわち、不自然な動作、態度その他周りの状況から考えて、一般社会人であれば誰もが精神錯乱や迷子等であると認め、しかも、今すぐに保護しなければ本人の身が危ないと考えるであろうような者について、本条の権限を行使すべきであることを定めたものである（第二条注解1、2参照）。

2　「応急の救護を要する」というのは、本条に定める保護についての直接かつ基本的な要件である。すなわち、例えば、精神錯乱者が他人の財産に損害を与える危険性がある者であると認められても、直ちに警察官が保護すべきではない。その者が「応急の救護」に値する場合に初めて保護が行われる。「応急」とは、状況が差し迫っていることをいう。すなわち、今直ちに救護しなければ本人の身が危ないという状況にあることを必要とする意味である。「救護」とは、本人を救い、その者の生命、身体を保護することである。すなわち、本条の保護は主として本人のために行われるのであって、その結果、他人に対する危害や迷惑を防止することにもなるが、それは本人救護の結果であって、その主たる目的ではない（酒に酔つて公衆に迷惑をかける行為の防止等に関する法律第三条では、「本人のため、応急の救護を要する」と定めているが、この趣旨を明確にしたものである。）。もっとも、本人の救護が、本人の親、兄弟等、本人の私生活の範囲内の者だけの力で達成できる場合は、その救護は警察の責務ではなく、これらの者の力だけでは本人を助けることができず、放任しておけば、本人の身が危なくなる場合は、その者を救護することが、警察官の責務となる。

3　「取りあえず」とは、一時的に又は暫定的にという意味である。本人の負傷を本格的に治療したり、成長を見守ったり、財産を後見的に保護したり、経済上の援助を与えたりすることは、家庭、医療施設、救護施設、生活保護施設その他適当な施設、機関の行うべきことであって、警察機関の任務ではない。警察の活動は、これらの機関の継続的な活動が始まるまでの間の一時的なものにとどまるべきであり、本人の意思能力、自救能力が欠けている場合に、これらの機関に引き継ぐために行われるものである。

4　「適当な場所」とは、保護するのに適当な場所の意味である。例示の警察署には、交番、駐在所が含まれる。警察の留置場は、「適当な場所」とはいえない。この場合は、刑事責任を追及するためではなく、本人のために保護するものだからである。例示のような施設が近くにない場合に、付近の民家を借りたり、旅館を利用したりするのは、「適当な場所」における保護である。

5　⑴　本条による保護には、強制手段が認められる場合とそうでない場合とがある。本項第一号に該当する者については、強制力を行使することも可能である。この者は意思能力が欠けているか又はそれに近い状態であるため、本人のために必要で意思能力が回復すれば、本人が承認するであろうことが明白な場合には本人の意思を問題とせずに保護すべきこととしたのである。これに対して、第二号に該当する者については、本人がその意思で拒否すれば保護しないものとされているので、強制力の行使は許されず、任意手段の範囲にとどまる。この者は、自救能力は欠いているが、意思能力はまだ保持している状態であるので、本人の意思を尊重する趣旨である。

⑵　「保護しなければならない」と義務的な定め方がされているが、これは、応急の救護を要し、

しかも本人の家族等の力では十分に救護ができないと認められる者を発見したときは、これを救い、積極的に本人を保護するのが警察官の職務であることを示したものである。また、この規定は、同時に、職権すなわち職務上の権限を警察官に付与する定めである。警察の活動は、社会公共の秩序という公益目的のため国民の権利を制限することが多く、警察の権限に関する規定のほとんどは、公共の福祉と基本的人権という対立する二つの要素の調和を図るものとなっている。そのため、「……することができる」として、具体的な場合に、比例の原則により、最小限度の力の行使にとどまることを期待する定め方をするのが通例である。しかし、保護の場合は、社会公共のために本人の権利を制限するのではなく、本人の人権を守り、それを充足するために行うものであるため、「……しなければならない」と規定されている。

(3) 第一号に該当する者について強制的に保護する場合には、保護の手段の内容として、その者の所持する凶器、毒物等危険な物件を取り上げて保管することができる。本人の判断能力が欠けているか、それに近い場合であるから、保護の強制力にこれらの措置を含まなければ、真に保護の目的を達成することができないからである。もっとも、その強制力は、保護の目的を達する限度内に限られ、危険ではないものを取り上げたり、犯罪捜査の証拠のために保管することなどは、保護の手続きとしては許されない。また、同じ趣旨から、被保護者の具体的状況に応じて、——例えば、精神錯乱者で、ちょっと目を離せばすぐ出て行ってしまうような場合等——保護室に施錠をすることなどは、差し支えないと解される。

(4)　保護に着手する場所については、特に制限はない（酒に酔つて公衆に迷惑をかける行為の防止等に関する法律では、公共の場所又は乗り物に限っている。）が、公共の場所で行われるのが通常であろう。道路、乗り物その他公共の場所に保護すべき者がいた場合に、その者を家庭に帰すまで取りあえず警察で保護に当たることとするのが本条の本来の趣旨である。しかし、例外的には、逆の場合もあり得る。例えば、家の中で泥酔者が家族に暴行を加えている場合等は、家族が被害者で保護能力がない場合であるから、とりあえず、その家から連れ出して近くの駐在所等で保護を加えることが許される。

(5)　家出人、迷子、山岳の遭難者等について、本人又は家族の申し出や依頼によって警察が捜索にあたり、発見してこれを保護することは多い。このように明らかに本人等の希望で行われる保護は警察法第二条の責務を達成するために行われる任意の行為であり、本条の定める要件や手続を必要としない。（本条第二号に該当する場合とは、本人の申し出によるものでなく、警察官が発見して積極的に保護を加え、しかも本人が明らかな拒否をしないという場合である。）。

(6)　本条に基づき応急の保護をするのは、本人のためではあるが、法律上警察の責務であるから、保護に要する通常の費用は、原則として警察の経費で負担すべきものであろう。しかし、本人の意思により、保護に要する通常の経費以上の経費を支出した場合、例えば、特別の診療を受けたり、特別の食事をしたり、特別の連絡方法を取ったりした場合には、本人が費用を負担すべきである。

6　「精神錯乱」とは、精神に異常がある者をいう。医学上の精神障害者のほか、強度のヒステリー患者、強度の興奮状態にある者その他社会通念上精神が正常でない状態をいう。

なお精神錯乱の者を保護した場合において、その者が精神保健及び精神障害者福祉に関する法律第五条にいう精神障害者又はその疑いのあるものであるときは、警察官は、ただちに、最寄りの保健所長を経て都道府県知事に通報しなければならないこととなっている（精神保健及び精神障害者福祉に関する法律第二四条）。

7　(1)　「泥酔」とは、アルコールの影響により意識が混濁した状態をいう。医学上は、酩酊《めいてい》の度を分けて、発揚期、まひ期、泥酔期と区別するが、そのような意味の泥酔期のものである必要はなく、社会通念上「深酔いした」、「へベレケに酔った」状態と認められればよい。精神錯乱、泥酔とも正常な判断能力、意思能力を欠いた状態である。

〈判　例〉

福岡高裁　昭和三〇・六・九判決

（要旨）　該巡査は、被告人がいささか飲酒酩酊していたにすぎず、何ら応急の救護を要する状態になかつたにもかかわらず、アイスキャンデー屋から、店内で酔払いが暴れているとの電話連絡を受けて、駆けつけ、被告人が同店を立ち去ろうとするや、職務執行法第三条一項第一号にいわゆる保護を要する泥酔者と速断して、やにわに被告人の手を捕えたのであつて、これは著しく事実を誤認したもので、到底公務の執行とは認められない。

(2)　酒に酔つて公衆に迷惑をかける行為の防止等に関する法律第三条によれば、酒に酔って公共の場所又は乗り物で粗暴な言動をしている場合で、本人のため応急の救護を要すると認められるときは、これを保護しなければならないこととされている。この規定は、本法本条の補充的な性格をもつものであり、酒に酔った者が応急の救護を要する状態にあれば、その多くは本法で保護される。なお、泥酔者を保護した場合において、その者がアルコールの慢性中毒者又はその疑いあるものであるときは、警察官は、速やかに、最寄りの保健所長に通報しなければならないこととなっている（酒に酔つて公衆に迷惑をかける行為の防止等に関する法律第七条）。

8　「自己又は他人の生命、身体又は財産に危害を及ぼすおそれのある者」　(1)　精神錯乱者や泥酔者が正常な判断能力を欠いて、自己又は他人の生命、身体又は財産に危害を及ぼすおそれのある状態にあることが保護の要件である。例えば、泥酔者をそのまま放置しておけば、川にはまったり、車にひかれたりする心配があったり、他人に殴りかかったりするおそれがある場合がこれに当たる。他人に危害を及ぼすおそれのある者を保護することは、犯罪を予防し、他人の被害を防止することにもなるが、それはここでは副次的な効果にすぎない。本条では、その場合も、本人の意識が混濁しているためそのような行動に出ていることに着目して、本人のためにこれを保護するのである。本人が犯罪を犯した場合には、本条の保護と犯罪捜査の手続きとが競合する。この場合は、それぞれの目的に従って手続をとるべきで、犯罪捜査の便宜のため本人を強制保護することは許されないが、保護した者について捜査上の取調べを行うことができないというわけではない。精神錯乱者や泥酔者は、刑事責任無能力者又は限定能力者となることが多いが、責任能力の有無にかかわらず本条の保護の対象となる。

⑵　自殺をするおそれがある者については、行政執行法と異なり、本条には規定されていない。自殺未遂者は、ここにいう精神錯乱にあたる場合が多いから、この規定で処置できるとする説もあるが、自殺と精神錯乱は別である。抽象的に自殺のおそれがあるという段階では、それを思いとどまるように注意説得すればよく、それ以上に警察官が介入する余地はない。それが具体的になって、今にも自殺しようとする者を発見したときは、それを放置することは警察の責務からみて許されず、これを阻止するなどの処置を講ずるべきであるが、それは警察法第二条の責務の遂行である。その場合に、その相手や第三者の権利を侵すことがあっても（例えば、相手が暴れるのを取り押さえるため多少の傷を負わせたり、他人の住居に無断で入ったりする場合等）、その警察官の行為は、「法令又は正当な業務による行為」として違法性はない。もっとも、それは、現場における処置にとどまり、本条によってその者に強制保護を加えることはできない。その者を警察署等で保護することが適当と認められる場

合であっても、それは本人の承諾がある場合に限られる。その場合は、本条によらない任意保護である。

9　「迷い子、病人、負傷者等」とは、自分で自分の生命、身体、財産を守ることができない状態にある者、すなわち自救能力のない者を例示したものである。したがって、「等」の中に含まれるものとして、例えば捨て子、飢餓に瀕している者、山岳で遭難した者、道に迷った病弱な老人、妊産婦等が考えられる。家出人は、家庭の事情から自分の意思で家を出た者であるから、原則としてここの自救能力のない者に入らない。ただし、年少の家出人については、迷子に準じ、本号の対象となる場合があろう。成人の家出は、家庭内の問題であって、直ちに警察が介入すべき問題ではない。しかし、本人が保護を求めてきたときは、それに応じて保護をなし得ることは当然である。家庭から保護願いがあり、警察が本人を発見したにもかかわらず、本人が警察の保護又は家庭への復帰を拒否したような場合には、できるだけ説得して本人を翻意させた上で親元に引き渡すしか方法がなく、それが警察の介入する限界である。

なお、家出人、浮浪者等が少年法に定める要件に該当するときは、同法に基づき同行することができ、児童福祉法の要件に該当するときは、同法に基づき一時保護を加えることができる場合があるが、それらは、それぞれの法律の規定によるのであって、本条とは直接関係はない。

10　「適当な保護者」　9の項にあげた自救能力のない者についても、ほかに適当な保護者、例えば、親、兄弟、教師、医師、責任ある同行者（登山者のリーダー等）等が一緒にいる場合には、それらの者が第一次の保護責任者であって、直ちに警察官が保護に当たるべきでなく、またその必要もない。この場合、警察官は、第二次的な保護責任者である。もっとも、これらの第一次責任者がいても、その者の手に余るほどの状態で、積極的に警察に依頼してくれば、警察が保護に当たることとなる。

11　「応急の救護」は、本条柱書きの「応急の救護」（本条注解2参照）と同じ意味である。したがって、第二号の場合は、応急の救護の要件が法文上重複している。この要件は、柱書きに定めてあれば足り、第二号の中には、この要件を定める必要は無かったものと思われる。

12　「本人がこれを拒んだ場合を除く」とあるのは、本人の真意で明白に拒絶した場合には強制的に保護することができないことを定めたものである。本号に定めるような自救能力のない状態にある場合には、実際に保護を拒絶することはほとんど考えられず、しかも現実に早急な救護を実施する必要がある。（また、保護の本質は、社会公共のために本人の権利を制限するのではなく、逆に、本人の人権を補充又は充足することにある。）それにもかかわらずこのように定められているのは、保護のために警察権を行使することよりも、本人の意思を尊重することの方が大切であるとする趣旨であると考えざるをえない。したがって本号によっても第一号と同様強制的に保護を加えることができると解することはできず、あくまでも任意手段としての保護の措置を定めたものと解すべきである。ただし、この場合の拒絶の意思は、本人の真意から出たものでなければならないから、例えば、意思能力のない幼児の迷い子が単に「いやだ、いやだ」といったからといって、これで拒否の意思があったと認めるのは妥当でない。また、本号は通常、黙示の承諾が推定される場合であるから、特に明確な拒否の意思がなければ、承諾があったものと推定して保護の措置をとるべきである。

13　「その者の家族、知人その他の関係者」とは、主として本人の保護について責任を負うものであるが、必ずしも保護責任者に限られるものではなく、保護責任者に代わって保護することができる者であればよい。「通知」の方法は口頭、文書、電報、電話、使送その他そのときの状況に応じ、迅速確実なものを選ぶべきである。

14　「その者の引取方について必要な手配」をするとは、被保護者の身柄を保護責任者に引き渡すため適当な手段を講ずることである。例えば、保護責任者の出頭を求めて、これに被保護者を引き渡し、また、場合によっては、警察の車で保護責任者の家庭に送り届けたりすることである。保護責任者に引き渡しをした段階で警察の応急的な保護は終了し、警察の責任が解除される。

15　家族、知人等が「見つからないとき」とは、被保護者に家族、知人等の身寄りの者が無いときや、身寄りの者の住所が不明であるときなどである。仮に家族や知人がいても、保護能力がない場合、被保護者の引取りを拒んだような場合も含まれると解して差し支えないであろう。

16　「適当な公衆保健若しくは公共福祉のための機関」とは、保護について特に法令上の義務があるわけではないが、社会通念上保護に適する施設と認められるものをいう。例えば、病人であれば病院や保健所、老人であれば老人ホーム、迷子であれば公園の事務所や託児所のようなものがこれに当たる。いずれも家族等に代わる保護能力があるものであることが必要であり、本項の規定により、次の17に述べるものと並んで、いわば第二次保護責任者となるものである。

17 「法令により責任を負う他の公の機関」とは、各種の法律、命令、条例等によって保護についての責任を課せられている機関をいう。警察は、本法により、現場における応急保護の責任を課せられているが、もともと継続的な保護には適しない機関であり、継続的な保護については、各種の法令により責任機関が定められている。これらの機関は、家族等に代わる保護能力があるから、本項の規定により、16に述べたものと並んで第二次保護責任者となっている。この公の機関に該当するもの及びその根拠法令は、次のとおりである。

(1) 精神障害者　市町村長、都道府県知事（保健所）、精神科病院等（精神保健及び精神障害者福祉に関する法律第二一条、第二四条、第二九条等）

(2) 迷子（保護者のない児童又は保護者に監護させることが不適当であると認める児童である場合）福祉事務所又は児童相談所（児童福祉法第二五条。なお、同法第三三条により、警察が一時保護の委託を受けることがあるが、その場合の保護は同法に基づくもので、本条による保護ではない。）

(3) 病人、負傷者　都道府県知事、市町村長（生活保護法第一九条、行旅病人及行旅死亡人取扱法第二条）

18　「その事件を引継」ぐとは、被保護者の身柄を引き渡すことである。「事件」とあるけれども、犯罪事件や少年事件のように「保護事件」というものがあるわけではなく、書類作成、引継ぎ等は不要である。被保護者を事実上引き渡した段階で警察の応急保護は終了する。ただ、引継ぎのときに、応急保護をした理由、状況、本人の氏名、住所、精神状態や病状等を引継ぎ先に知らせるのが適当であろう。

19　「二十四時間をこえてはならない」というのは、警察の応急保護の時間的限界を示したものである。第二項の規定によって本来の保護責任者に引き渡すのには、原則として、二四時間あれば足りると同時に、警察機関は、本来継続的な保護に当たるに適しないから、これ以上の時間にわたって保護に当たらせるのは、警察の責務が過大となる。さらに、保護は、本人のためとはいえ、人身の自由の拘束にわたることがあり得るものであるから、できるだけ短時間であることが望ましい。そこで、被保護者について保護の必要がなくなれば、すなわち、例えば、酒の酔いがさめるとか、てんかんが治ったような場合には、二四時間以内でも、速やかに保護を解くべきである。なお、この時間の起算点は、街頭その他で現実に保護に着手したときである。

20　「保護をした警察官の属する警察署」とあるので、警察署に属さない警察官の場合、例えば警察本部所属のパトカーで保護したような場合については明確でないが、この警察署には、警察本部も含まれると解して差し支えないであろう。

21 ⑴「裁判官の許可状」　警察の保護は、原則として二四時間以内で足りるのであるが、事情によって、例えば、家族、知人等にどうしても連絡がつかず、へんぴな土地であって適当な保護施設がなく、しかも、保護を解けばまだ本人が危ないというような場合には、例外的に時間の延長が許される。このような場合には、本人救護のために保護を継続することが必要であるから、警察も例外的に継続的な保護に当たらなければならない。しかし、この場合には、裁判官の許可状が必要とされる。これは、保護が事実上人身の拘束にわたることとなるので、警察の権限の濫用を心配し、それを防止するため、設けられたものである。本条第一項で、保護を警察の責務として、その任務を避けることのないよう義務付けている一方、このように濫用防止のための時間延長にあたって裁判所の許可を必要とする規定を設けている由来は、戦前の警察にある。すなわち、戦前は、行政執行法に基づき、予防検束と並んで保護検束が行われたが、それが、ある時期において、本来の規定の趣旨から逸脱して濫用された。例えば、保護検束は、翌日の日没までとなっていたのに、「蒸し返し」、「たらい回し」の方法によって何日でも検束しておくという事実があった。このような過去の事実にかんがみて、時間の延長は、裁判官の許可がある場合に限るとしたのであるが、本条のような行政目的のための手段について裁判所の監督権を認めたのは、例外的な措置である。

⑵　本条の時間制限については、刑事訴訟法第二〇六条のような緩和規定がない。しかし、実際には、同法の場合と同様、交通事情、天災その他の不可抗力によって時間内に許可状を得られないよう

な場合があり得る。その場合に、保護継続の要件がありながら、ただちに保護を解かなければならないとしたのでは、本人救護の目的は達せられない。法の不備とも思われるが、他方、この保護は刑事訴訟法の逮捕、勾留の場合と異なり、本人救護のためのものであるから、同法におけるほど厳格に解する必要がなく、そのため緩和規定までは設ける必要を認めなかったものとも思われる。したがって、前述のように不可抗力的な事情のある場合には、時間満了後も、合理的な限度で保護を継続できるし、それが警察の責務を果たすためであると解して差し支えないであろう。その場合も、時間内に許可状を得ることについて、可能な限りの努力をしていなければならないことは当然である。

22　「警察官の請求」とあるので、法文上は、個々の警察官に請求の権限があることとなっている。しかし、⑴許可状の発付は、行政権の発動に対する裁判官の監督を例外的に認めた場合であるから、その請求の当否及びその理由の判断は、上級者においてなすべきものであることや、⑵現場において応急の救護をなす場合と異なり、上級者の指揮を受ける時間的余裕があり、しかも、継続保護をしなければならないのは例外的な事情がある場合に限られることから、運用上、この場合の警察官は、警察署長等の保護責任者に限られている。

23　「已むを得ない事情」とは、本人のために、どうしても二四時間を超えて保護を継続しなければならない客観的な理由のある事情である。例えば、家族、知人が二四時間内に到着できないような場合、災害のために連絡がとれない場合、へんぴな土地で他に保護を引き継ぐべき適当な施設がない場合等が考えられる。

24 「通じて五日」とは、保護に着手した日から起算して五日間という意味である。最初の二四時間は時間単位の計算であるが、通計する場合には、日単位で計算する。したがって、最初の着手が午後一一時であれば、通算して最大限四日と一時間となる。通計五日の範囲内で、延期の更新（例えば、最初に二日延期し、次にもう一日延期する）はできるが、最大限五日目までである。

25 「警察で保護をした」とは、警察機関が保護をしたという意味であって、警察署という場所で、という意味ではない。第一項の保護は、「適当な場所」で行うものであり、警察署は、「適当な場所」の例示にすぎないからである。

26 「簡易裁判所に通知」 第五項において、警察で保護した者の氏名、住所等を毎週簡易裁判所に通知する義務を課しているのは、保護の適否を裁判所に監視させようとする趣旨である。本項の場合は、毎週の事後報告であって、許可状発付の場合と異なり、裁判官が積極的に行政権の運用に関与するわけではないが、先に21で述べたとおり、立法当時警察権の濫用が極めて心配されていたので、本項に裁判所の事後監督を定めて、できるだけ濫用防止に役立たせようとしたのである。しかし、許可状の発付は別としても、本項のように行政事務の監視を裁判官の任務としたのは、立法論としては疑問である。警察の運用に関する監視と批判は国会又は地方議会の任務であるべきだからである。

〈判　例〉

㈠　高知地裁　昭和四八・一一・一四判決

（要旨）　警察官が、Aを警職法三条一項一号に該当する者として保護しパトロールカーに乗せようとしたが、Aが暴れて乗せることができなかったので、後手錠をかけて連行した。本件について判旨は、「警職法による保護は、被保護者のために行われるものであるから、①必要に応じて被保護者の意思に反して強制的に行うことができる、②もしその際必要があれば手錠等の戒具を使用することもできる、③その際通常の手錠使用ではどうしても措置し得ないような特別の事情がある場合に限り後ろ手錠も許されるとし、本件の場合は、戒具の通常の使用方法をもってしても十分保護の目的を達せられ、③にあたるような特別の事情は認められない。」として、手錠の使用自体に違法はないが、その使用方法を違法とした。

㈡　最高裁第三小法廷　昭和五七・一一・一九判決

（要旨）　酒に酔つて飲食店でナイフを振い客を脅したとして警察署に連れてこられた者の引渡を受けた警察官が、右の者の飲食店における行動などについて所要の調査をすれば容易に判明しえた事実から合理的に判断すると、その者に右ナイフを携帯させたまま帰宅することを許せば帰宅途中他人の生命又は身体に危害を及ぼすおそれが著しい状況にあつたというべきであるような判示の事実関係のもとにおいて、右の調査を怠り、漫然と右の者から右のナイフを提出させて一時保管の措置をとることなくこれを携帯させたまま帰宅させたことは、違法である。

# 第五章　避難等の措置

**第四条**　（避難等の措置）[1] 警察官は、人の生命若しくは身体に危険を及ぼし、[2] 又は財産に重大な損害を及ぼす虞のある天災、[3] 事変、[4] 工作物の損壊、[5] 交通事故、[6] 危険物の爆発、[7] 狂犬、奔馬の類[8]等の出現、極端な雑踏[9]等危険な事態[10]がある場合[11]においては、その場に居合[12]わせた者、その事物の管理者[13]その他関係者[14]に必要な警告[15]を発し、及び特に急を要する場[16]合においては、危害を受ける虞のある者に対し[17]、その場の危害を避けしめるために必要な[18]限度でこれを引き留め[19]、若しくは避難させ[19]、又はその場に居合わせた者、その事物の管理者その他関係者に対し、危害防止のため通常必要と認められる措置[20]をとることを命[21]じ、又は自らその措置[22]をとることができる。

2[23] 前項の規定により警察官がとつた処置については、順序を経て[24]所属の公安委員会[25]にこれを報告しなければならない。この場合において、公安委員会は他の公の機関[26]に対し、その後の処置について必要と認める協力を求めるため[27]適当な措置をとらなければならない。

人の生命、身体、財産に対する差し迫った危険がある場合に、その危害を防止し、又はその危害を排除して人を救助することは、警察に課せられた重要な責務の一つである。本条は、このような場合に警察官がとるべき措置を定めたものである。

1 「避難等の措置」

(1) 本条に定められたような危険な事態においては、一般の私人であっても、自己又は他人の権利を守るために、本条に定める避難の措置に準じた手段をとり、そのため他人の権利を侵害することがあっても緊急避難として刑事上の責任及び民事上の責任を免れる場合が多い（刑法第三七条、民法第七二〇条）。しかし、警察官については、「業務上特別の義務がある者」（刑法第三七条第二項）として、緊急避難の規定は、原則として適用されない。もっとも、この刑法第三七条第二項の規定は、業務の性質上危難に身をさらさなければならない義務がある者は、その義務の範囲内で、自己の法益に対する緊急避難を許さないということで、他人に対する緊急救助までを許さないという意味ではない。そのことを明らかにするため、本条は、このような危険な事態において警察官がとるべき手段とその要件を定め、その職権職務を明確にしてこれを公務として保障するとともに、その権限の濫用を防止することとしたのである。

(2)　行政執行法においては、第四条に、「当該行政官庁ハ天災、事変ニ際シ又ハ勅令ノ規定アル場合ニ於テ危害予防若ハ衛生ノ為必要ト認ムルトキハ土地、物件ヲ使用、処分シ又ハ其ノ使用ヲ制限スルコトヲ得」と定め、同施行令第二条に、「生命、身体若ハ財産ニ対シ危害切迫セリト認メ又ハ水陸ノ交通ニ危害ヲ及ホスノ虞アリト認メタルトキハ当該行政官庁ハ行政執行法第四条ニ依リ必要ナル措置ヲ為スコトヲ得　左ノ各号ニ掲クル土地、物件ニ関シテハ法令ノ規定ニ違背シ因テ危害ヲ生シ又ハ健康ヲ害スルノ虞アリト認メタルトキ亦同シ　一　崩壊又ハ人ヲ陥落セシムルノ虞アル場所　二　家屋其ノ他ノ工作物　三　船車其ノ他交通ノ用ニ供スル器具又ハ装置　四　汽罐、汽機及其ノ附属装置　五　前各号ニ掲ケタルモノノ外主務大臣ノ定メタル土地、物件」と規定していた。本条は、この規定の趣旨を踏襲したのであるが、個人の生命、身体及び財産を尊重する趣旨から、(ア)発動の要件を現実の危険が迫っている場合に限定し、(イ)措置の対象を主として人とし、付随的に土地、物件にも及ぶものとし、(ウ)権限濫用の防止と避難措置の万全を期するため事後手続を定めた点に特色がある。

(3)　人の生命、身体、財産等に危害を及ぼす性質を持つ危険な物件については、その危害の発生を事前に予防するため、毒物及び劇物取締法、火薬類取締法、銃砲刀剣類等取締法、高圧ガス保安法、建築基準法、道路交通法、鉱山保安法等多くの取締法規がある。これらの法規は当該職員による予防のための事前監督の制度を定めることを主たる目的としているのに対し、本条は、現実の危害が切迫した場合の応急的な手段を定めたものである点で、これらと区別される。

(4) 災害が発生し又は発生するおそれがある場合の応急の措置を定めたものとして災害対策基本法第五八条ないし第八六条、消防法第二八条、第二九条、第三〇条、水防法第一二条、第一四条、第二一条、災害救助法第二四条、第二五条、第二六条、水難救護法第三条、第四条、第六条ないし第一〇条等の定めがあり、また、(3)で述べた各種の取締法規においても、現実に危険が急迫した場合の当該職員の応急措置について定めた条項は少なくない（例えば、火薬類取締法第三九条、第四五条、第四五条の二、道路交通法第六条、第五一条、第六一条、第七五条の三、第八三条、鉱山保安法第三一条の二等）。これらの規定と本条との関係は、次のとおりである。

ア　本法は、警察官の権限に関する一般法であるのに対し、右に例示した規定は、当該事案に関する特別法である。したがって、右の規定に警察官の権限が規定されている場合（例えば、災害対策基本法第六一条、第六三条第二項等、消防法第二八条、火薬類取締法第四五条の二等）は、警察官は、まず特別法たる当該規定によって措置すべきである。

イ　当該職員には右の特別法によって責任と権限とが与えられているから、当該職員の権限と本条による警察官の権限とが競合することとなるが、両者は相互に協力して事案の対応に当たるべきである。

(5)　各種の権限行使は危害の発生について責任を負うべき者に対して行われることが多い。本条の場合でいえば、例えば、工場の工作物が損壊した場合の工場長、列車事故が発生した場合の駅長、火薬が爆発した場合の事業主、猛獣が逃げ出した場合の動物園の管理人等は、自己又はその管理に属する人の行為や物の状態によって公共の安全又は秩序を害したこととなるものである。これに対し、その場に居合わせた者その他の関係者は、必ずしもこうした状態を作ったわけではないし、また、地震、津波等の天災については、その状態の発生について責任を負うべき者がいない。しかし、本条は、このような場合においても、避難その他通常必要と認められる措置をとることができることを定めている。このような本条は、例外的といえるが、そのような者も対象としない限り、危険な事態により被害を除くことができないという理由で、設けられたものといえる。

2　「人の生命若しくは身体に危険を及ぼし、又は財産に重大な損害を及ぼす虞のある」とは、天災、事変以下に例示される「危険な事態」の性質を限定したものである。このような限定は、本法第五条及び第六条にもされているところであり、人の生命、身体又は財産に直接の危害を及ぼすに至らない抽象的な公共の危険、すなわち、社会公共の秩序を乱すような事態を適用外とする趣旨である。この場合の「人」は、不特定多数の者すなわち公衆に限らず、個人も含まれる。ただし、個人の行為又は状態が、特定の管理者又は関係者により秩序の維持される生活範囲内にとどまる場合には、一般に警察はただちにこれに関与しないのが通常であり、個人に対する危険が右の程度にとどまる場合に常に警察官が本条による措置をとるものと解するのは妥当でない。また、この「人」は、警察官から見た場合の他人の意味であって、警察官個人は含まれない。警察官は、身の危険を顧みず危難に赴く責務があるからである（本条注解1の⑴参照）。なお、財産について軽微な損害を与えるにすぎない危険事態については、本条による措置を取ることができない。これは財産の保護と即時強制手段による人身拘束その他個人の自由の侵害との比例を考慮したものと考えられる。

3　「天災」とは、暴風、豪雨、豪雪、大水、高潮、地震、津波、地すべり、雪崩、噴火、落雷、竜巻きその他異常な自然現象による災害をいう。

4　「事変」とは、戦争、内乱、暴動、騒乱、火災等の異常な社会現象をいう。軽犯罪法第一条第八号では「変事」という語を用いているが、変事は程度の軽い異常な出来事を含むのに対して、事変はそれより大きい事態を指すので、軽微な犯罪、交通事故等を事変とはいわない。

5　「工作物の損壊」の「工作物」とは、人為的な労作を加えることにより土地に固定して設備されたものをいう。建物は、工作物の代表的なものであるが、その他橋、トンネル、鉄道、軌道、ケーブル、堤防、井戸、炭坑、電柱、記念碑、広告塔等がある。「損壊」とは、老朽、故障、破壊等によって、その全部又は一部が不完全な状態になることである。

6　「交通事故」とは、航空機、電車、船、自動車、自転車等の交通機関によって人が死傷し又は物が損壊することをいう。

7　「危険物の爆発」　ここにいう危険物は、爆発性の性質を有するものをいう。火薬類取締法にいう火薬類（火薬、爆薬、火工品）、爆発物取締罰則にいう「爆発物」が含まれることはもちろんで、刑法第一一七条の「火薬、ボイラーその他の激発すべき物」とほぼ同じ概念である。すなわち、火薬類のほかガス類、ガソリン類、爆発性化学薬品、ガスタンク、汽罐、核原料物質、原子炉等がここにいう危険物である。

8　「狂犬、奔馬の類等の出現」　野犬、畜犬、動物園から脱走した猛獣、猛禽《きん》等は、すべて「類」又は「等」の中に含まれる。

9　「極端な雑踏」　劇場、映画館、競技場等の場所又は祭礼、花火大会、集会等の催し物においては、人々が多数集まることが多いが、その集まった人々の間に秩序がなく、著しい混乱を呈している状態又はその集まり方がその場所の収容能力に比べて著しく過度にわたっている状態をいう。

10　「危険な事態」　以上の例示は、危険な事態に及ぶ可能性が多いと思われる事案をできる限り具体的に示したものであるが、例示された事案が直ちにここでいう「危険な事態」となるわけではない。その中で現実に人の生命、身体、財産に危害を及ぼすおそれがある状況が、ここでいう「危険な事態」となる。

「等」の中には、以上の例示と類似性をもち、人に危険を与えるような種々の自然現象又は社会現象が含まれる。例えば、著しい放射能を多量に含んだ降雨がある場合、飲料水が鉱毒等でおかされた場合、野球場、競輪場等で紛争が起きて見物人ややじうまがひどく暴れている場合、水争いや暴力団の出入り等で殺気だったけんかが行われている場合、演習場で実弾の射撃演習が行われる場合等が考えられ、その性質、原因を問わず、また、その状態や行為が、法律上又は社会上、正当なものであるか、不正なものであるかを問わない。現実に人に危険を与えるおそれがある現象すべてを含むものである。

11　危険な事態が「ある場合」とは、危険の発生が迫っている状態をいう。後段の「特に急を要する場合」は、この事態のなかでも危険の発生が現実に急迫してきた事態をいうので、前段の「警告」の段階は、この急迫の度合いがやや緩い事態を予想しているものと思われる。災害等が既に発生して現に被害を受けている者がある場合を含むことはもちろんである。

12　「その場に居合せた者」とは、危険が発生しそうな場所、現に発生している場所又はその近くの場所にいる者一切をいう。火事場にやじうまが来集すれば、この「居合せた者」となる。

13　「その事物」とは、危険事態に直接関係のある物件、動物、場所、会合、催し物等をいう。「管理者」とは、その事物を直接管理している者である。工作物や場所の管理人、交通機関の運転手、危険物の運搬者、動物の飼い主、催し物の主催者、実弾演習の指揮者等がこれに当たる。

14　「その他関係者」とは、その危険事態に直接又は間接に関係がある者をいう。関係事物の管理者の部下、使用人、助手、手伝い、危険防止又は避難について協力し得る者、その事態により被害を受けるおそれがある者等がこれに当たる。

15　「警告」は、前述（12、13、14）の対象者に対し、危険からの避難又は危険の防止について必要な予告又は注意を与えることである。例えば、豪雨で堤防決壊のおそれがある場合に住民に避難用意の注意を与え、橋が壊れている場合に通行危険の掲示をし、広告塔が倒れそうになっている場合に管理者に修理を勧告することなどが警告にあたる。警告は、警察官の意思の通知であって、命令と異なり、これに従う法的義務が生ずるものではないが、関係者は、警察官の正当な警告を受忍する義務がある。

警告の方法としては、通常、口頭、文書、掲示等が用いられるが、これに限らず、その事態に適した方法を用いることができる。例えば、警笛、警鐘、又はサイレンを鳴らしたり、縄を張ったり、旗その他の信号、手振り、手まねを用い、ラジオ、テレビにより放送し、場合によっては、ヘリコプターを飛ばし、騎馬、白バイ、パトカーを走らせることなども考えられる。ただし、相手の意思に反してその身体に実力を加えることはできず、説得の手段にとどまるべきである。単に文書、口頭等による単純な予告又は注意にとどまるのであれば、警告について本条に要件や事態を定める意味はほとんどない。本条に警告を発する旨を定めたのは、危険な事態を発見した場合に必要な警告を発するのが警察官の権限であると同時に義務であることのほか、予告又は注意をするについて強制に至らない程度の説得手段を用いることができることを明らかにした点に意義があると思われる。

16　「特に急を要する場合」とは、危険な事態がある場合の中でも、現実にその危険が一段と切迫して来た状態をいう。もはや警告の手段では間に合わす、次に定める即時強制の手段を用いるのでなければ、危害を避けることができないような場合である。いったん警告を与えたが、相手が警告に従わないで事態が進展した場合ももちろん含まれる。

17　「危害を受ける虞のある者」の中には、まだ危害を受けていない者のほか、既に多少の危害を受けたが、放置しておけば更に危害が加重される状態にある者が含まれる。

18　「必要な限度」とは、前に度々述べたように、比例原則――警察官が用いる手段とその程度が警察上の必要性（この場合は危害を避けること）と比例していなければならないこと、すなわち、必要以上に人身拘束等にわたってはならないこと――を明確にしたものである。

19　「引き留め」とは、危険な場所に入らないように抑止すること、「避難させ」るとは、危険な場所から退避させることである。いずれも、必要な場合には、必要な限度で、相手の意思にかかわらず実力をもって行うことができる。すなわち、即時強制の手段を用い得る。ただし、実力を行使しないで目的を達することの方が望ましいことはもちろんで、強制手段を用いるのは、それがやむを得ない場合に限られる。例えば、立ち入らないことを指示し、立ち退きを誘導するなどの方法によって目的を達し得る場合であれば、そうすべきであり、それはまだ強制手段を用いるほど事態が切迫していないこととなる。

本条の「警告」、「引き留め」又は「避難させ」る行為は、被害者を災害から救護する作用である点で、第三条の「保護」と同じ性質を持つ。すなわち、警察の作用は通常、社会公共の秩序の維持のため国民の権利を制限するものであるが、「引き留め」や「避難させ」る行為は、場合によっては、相手方に対し実力を行使することがあっても、それはその人の自由を制限するというよりむしろそれを補充又は充足するものである点に特色がある。

**20**　「通常必要と認められる措置」とは、社会通念上、危害防止のために普通用いられる手段のことである。具体的状況に照らし、多種多様の措置があり得るから、強いて例示されなかったものである。例えば、危険区域への立入り禁止、制限、橋や道路の応急工事、破損した広告塔の撤去、電車、自動車の停車、火薬の分散や消火、狂犬の撲殺、やじうまの解散、劇場、競技場への入場停止、極端な雑踏等の整理のため、他に適当な手段がない場合のポンプによる放水の措置等が考えられる。しかし、本条には、経済的負担に対する損失補償が定められていないことから、他人の土地、物件の収用等の著しい負担を加える権限は含まれていないと解すべきであろう。そうした措置が必要な場合には、例えば災害対策基本法第六四条、第八二条等損失補償の定められた特別規定によるべきである。

**21**　「命じ」とあるので、この場合は、警察上の命令行為であり、命ぜられた者にはその命令に従う法的な義務が生ずる。この義務の不履行について本法では罰則を設けていない。ただ、この命令に従わない者については、軽犯罪法第一条第八号の規定が適用される場合が多いであろう。

22　「自らその措置をとる」とは、危害防止のため警察官自らが前述の「通常必要と認められる措置」をとることである。管理者その他関係者の措置を待ついとまのない場合には警察官が独自で、関係者だけの力では間に合わない場合には警察官も協力して、必要な措置をとることが必要であるし、また、関係者がしりごみして指示された措置をとらない場合には、警察官が自らその措置をとり目的を実現する必要がある。この場合は、警察官自らの即時強制の手段を定めたものであって、義務の不履行がある場合の代執行を定めたものではない。すなわち、行政代執行法に定める代執行ではないから、同法に定める手続を取る必要はないが、費用の徴収も認められない。

23　本条第二項は、第一項の規定により警察官が処置したこと（すなわち現場に居合わせた者、管理者、関係者等に警告し、引き留め、避難させ、通常必要と認められる措置を命じ、又は自らその措置をとったこと）を公安委員会に報告し、公安委員会は、他の機関に事後処置の協力を求める措置をとるべき旨を定めている。

しかし、(1)　本条の定める説得手段や強制手段は、本法の第二条以下の各条項によるものと比べて、手段としての性格又はその強さについて特に異なっているわけではない。(2)　警察官が本条による手段を行使したときは、指揮監督を受けている上司に報告しなければならないが、それは警察の組織体の性格上当然のことである。そして、それは、本条による措置についてだけでなく、他の条項による措置（保護、制止、立入り等）についても同様である。また報告は、事案の軽重に応じて各級の上司に対して行えばよく、そのすべてを詳細に公安委員会に報告しなければならないというほどのことはない（例えば、火事場のやじ馬を整理したり、馬を取り鎮めたり、橋が壊れそうで危い旨の警告をしたことなど）。

⑶　必要な場合に、他の機関に協力を求める措置を講ずることは、それぞれの機関が相互にその与えられた目的と権限を尊重し、かつ、社会公共の安全と秩序維持の万全を期するため当然のことであり、警察に限らず、すべての行政機関その他公の機関が相互に事実上行っている（相手の機関の協力義務なり、組織や権限の変更を定めるのであれば法律の規定が必要である）。

本法の中で、特に本条だけに第二項のような規定が置かれていることについては、以上の諸点が疑問となってくるのであるが、前にも述べたように、本法の立法に当たっては、警察権の濫用をあらゆる面から防止しなければならないという政治的、社会的な雰囲気があり、また本条の例示の中でも、大規模な天災事変等については、できるだけ警察と他の機関との連絡を密接にさせたいという意思があったので、これらの気持がばく然とここに表現されたものと思われる。

24　「順序を経て」とは、指揮系統に従い、各級指揮監督者の段階を追ってという意味である。警察の組織上当然のことである。

25　「所属」というのは、身分上指揮監督を受けている場合に用いられるが、本項の場合は、当該措置について管理権を有する公安委員会と解さなければ趣旨に合わない。例えば、援助要求によって他の県の警察に派遣されている警察官については、援助を受けた県の公安委員会がこれに該当する。

26 「他の公の機関」とは、危険事態の処置について法令により権限と責任とを有する組織体又は施設で警察機関以外のものという意味である。例えば、種々の国の行政機関のほか、都道府県、市町村、水防団、消防団、保健所等がある。

27 「協力を求めるため適当な措置」とは、極めてばく然としているが、警察からとる措置としては、危険事態発生の時間、場所、状況等を連絡のため通知し、さらに、その後の事態の推移について適宜情報を提供するということである。

# 第六章　犯罪の予防及び制止

**第五条**　（犯罪の予防及び制止）[1] 警察官は、犯罪[2]がまさに行われようとする[3]のを認めたと[4]きは、その予防のため[5]関係者[6]に必要な警告[7]を発し、又、もしその行為により[8]人の生命若しくは身体に危険が及び、[9]又は財産に重大な損害を受ける虞があつて、急を要する場合[10]においては、その行為[8]を制止[11]することができる。

**1**　「犯罪の予防及び制止」　(1)　本条は、犯罪の予防のために警察官が行う警告及び制止の手段について規定したものである。犯罪の予防は、罰則に触れる行為の発生を未然に防止することであって、警察法第二条において定められる警察の重要な責務の一つである。この責務を遂行するため、警察官は、巡回警ら、犯罪情報の収集等の活動を、任意手段として行い、また、挙動不審者の停止、質問、同行要求等を本法第二条に定めるところに従って行うのであるが、本条は、犯罪発生の可能性が更に一段と接近した場合に警察官がとるべき措置として、警告及び制止の手段を規定したのである（犯罪の予防については、本法第一条注解3参照）。

(2)　犯罪の発生を未然に防止して社会公共の秩序を維持することと、犯罪が発生した後において、犯人を捜査し、逮捕し、これを処罰することとは、目的が異なる。一般的にいえば、犯罪が行われた後に犯人を逮捕、処罰することよりも、犯罪が行われる前にそれを防止することのほうが望ましい。そこで、犯罪予防のため種々の措置がとられるのであるが、そのための手段は国民の権利、自由に関連するところが多いので、その手段を定め、かつ、それを行使するについては、次のような点を考慮に入れなければならない。

ア　憲法は、逮捕、捜索、押収について、厳格な令状主義の原則を定めている（第三三条、第三五条）。これは、刑事目的のために、国民の権利、自由を強制的に制限することを認めると同時に、それは、裁判官の客観的に公正な認定がある場合に限ることとして、国民の基本的人権の尊重の確保を図ったものである。

イ　それ以外の目的のための作用、手続についても、当然に右の憲法の規定の保障の枠外にあるものではないが、行政上の即時強制は、義務を命ずるいとまのない急迫した事態において行われるのが原則であり、この場合に、裁判官の令状を必要とするということは、即時強制の目的に反し、不可能を強いることとなるから、要件を厳格化した上で、令状を必要としないこととするとの整理がなされているものと考えられる。

ウ　行政上の強制手段も、国民の権利、自由を強制的に侵害するという面では、刑事上の逮捕、捜索、押収と異なるところはない。そこで、これについては、次のような制限が必要となる。

(ア)　行政上の強制手段を定めるについては、その手段行使の要件をできる限り明確かつ具体的に定めるべきである。独立した裁判官の判断によるのでなく、行政機関に属する個々の職員が判断するのであるから、その行使の要件が抽象的にばく然と定められていると、行政機関の恣《し》意を誘い、国民の人権を不当に侵すおそれが多くなるからである。ただ、行政手段は、千差万別の社会事象に対応するためのものであるから、その要件の詳細を具体的に定めるのが困難な場合が多く、具体性についても限界があることはやむをえない。

(イ)　即時強制の手段については、原則として、急迫性を要件とすべきである。しかし、義務を命ずるいとまのない急迫した場合のほかに、事柄の性質上義務を命ずることによっては本来の目的を達しがたい場合もある。この場合には、行政目的の達成の必要性と本人の自由の拘束との均衡を考慮して強制手段が許される場合がある。

(ウ)　強制措置は、その目的を達するために必要な最小限度にとどまらなければならない。法律上それを定めている例が多いが、法律の明文では定められていない場合もある。法定されていない場合でも、行政強制一般についていわゆる比例の原則の適用が認められるべきで、目的を達するために必要な限度を超える強制は違法となる。

(エ)　行政目的のための手続であっても、その目的及び手続が刑事目的のための手続と非常に類似性をもつものである場合には、先に述べた憲法の趣旨を準用して裁判官の判断によることが妥当である。国税犯則取締法第二条、関税法第一二一条において、収税官吏又は税関職員が犯則事件を調査するため臨検、捜索、差押をする場合や、出入国管理及び難民認定法第三一条により入国警備官が外国人の入国、上陸、在留に関する違反事件の調査の臨検、捜索、押収をする場合にはいずれも裁判官の許可状によることとなっているのは、この趣旨からである。

(オ)　犯罪予防のための手続は、犯罪捜査のための手続と関連する場合が多い。特に警察官は、警察法第二条によりこの両者をともに遂行することを責務としているので、両者の目的のために両方の手段を同時に行使することがある。例えば、同一の時点で犯罪の制止と犯人の逮捕とが行われ、また、同一の人に対して、犯罪の制止行為から直ちに逮捕行為に移る場合もある。しかし、だからといって、警察官の行う犯罪予防のための手段について、捜査の場合と同様裁判官が関与しなければならないということにはならない。犯罪の予防の手段については、その事柄の性質上、前述のイに述べた理由があてはまる場合だからである。しかしまた、両者の手段が関連するところが多いことにかんがみ、具体的な場合には、どちらの手段を用いるべきであるかを区別し、一の目的のために他の目的のための手段を用いることは許されないことに注意しなければならない。

エ　以上述べたところは、行政上のものにしろ、刑事上のものにしろ、強制的な手段を行使する場合についてあてはまるのであって、その手段が強制にわたらず、任意手段として行われる限り、相手の権利、自由を直ちに侵すことにはならないから、憲法との関連を生ずることはない。

⑶　本条の規定は、行政執行法第一条第一項後段の「暴行、闘争其ノ他公安ヲ害スルノ虞アル者ニ対シ之ヲ予防スル為必要ナルトキ亦同シ（検束ヲ加ヘ戎器、兇器其ノ他危険ノ虞アル物件ノ仮領置ヲ為スコトヲ得）」のいわゆる予防検束の規定の流れをくむものである。しかし、本条は、「公安ヲ害スルノ虞」という抽象的な概念にかえて、ア　犯罪が行われようとしている場合であること、イ　手段を警告と制止にしたこと、ウ　制止については、人の生命、身体に危険、財産に重大な損害を与える場合に限られること、エ　急迫性が必要であること　等の要件を定めているので、手段行使の態様は、旧行政執行法の場合とは著しく相違している。

2　「犯罪」とは、普通には、犯罪構成要件に該当する違法かつ有責な行為であるとされている。しかし、ここでいう「犯罪」は、右のうち、構成要件に該当することと違法性があることをもって足り、有責性は必要としないものと解される。それは、本条の目的が、犯人を処罰するという刑事目的のものでなく、犯罪の発生を予防して社会公共の秩序を維持するという警察目的のためのものだからである。責任能力があるかどうかは、本人の内心の意思決定の能力にかかっている。現場における措置についてこのような本人の人格に属することの判断を求めるのは不可能で、行政上の手段の要件としては、客観的に判断できる要件でなければならないのである。したがって、客観的に罰則に該当する行為であれば、心神喪失の者であるかどうか、一四歳未満の者であるかどうか、犯意や過失があるかどうかを問わず、本条の手段を用いることができる。これに対し、違法性は必要であるので、法令又は正当な義務による行為、正当防衛又は緊急避難となる行為等は、本条の対象にならない。

3 (1) 「まさに」というのは、その行為が犯罪構成要件に該当する直前の段階にあるという意味に解する説と、直前と狭く解する必要はなく、厳密な意味における時期の限界はないとする説とがある。言葉の上では、「まさに」は、まさに「直前」といいかえられるのが普通であろう。しかし、本条の趣旨からみて、この場合の「まさに」は、漢字で書けば、「直前」の意味の「将」ではなく、「正に」と書くべきところであって、「まさしく犯罪が行われようとしている」、すなわち、犯罪の実行の可能性が相当に迫っており、それが客観的に明らかな場合をいうものと解するのが相当であると考える。その理由は、次のとおりである。

ア 後段の制止の要件として、「急を要する場合」であることを定めている。それは、「まさに」よりは事態が更に一段と切迫した事態を指しているものである。これと比べてみて、警告の場合の「まさに」は、犯罪の遂行とある程度近接していなければならないことはもちろんであるが、制止の場合よりも急迫性がゆるい場合をいうものと考えるべきである（後掲判例(十一)参照）。

イ　制止が相手の意思に反して実力を行使できるものであるのに対して、警告は、任意手段の範囲にとどまるべきものである。その程度の内容のものについて、行為の直前の段階でなければ行使することができないというのは、社会通念に反し、法の趣旨とは思われない。明らかに犯罪を行おうとしている者があれば、その実行を思いとどまるように注意し、勧告することは、警察官がその責務上当然に行うべきことである。社会の経験則からみても、犯罪行為に着手する直前の事態に至れば、もはや注意勧告等の生ぬるい手段では予防の目的を達することはできない場合が多く、その場合は、実力でその行為を阻止するほかはないのである。

⑵　未遂、予備又は陰謀を罰する罪については、未遂、予備又は陰謀の成立する時点以前のことをいうものであることはもちろんである。

⑶　「行われようとする」というのは、ある行為が犯罪構成要件該当性と違法性とを具備するに至る以前の状態をいうことは明らかである。犯罪が既遂に達し、しかもその犯罪行為が完了してしまった場合には、もはや予防手段をとる余地はなく、犯人の逮捕その他の刑事手続をとることとなる。しかし、刑事手続をとることができるということは、更に法益侵害が継続又は発展しようとしている場合に、その継続、発展を防止する手続をとることを禁ずるということにはならない。この場合は、既遂の部分について刑事手続を進め得ることはもちろんであるが、継続、発展しようとする部分について警告（制止についても同様）の措置をとることができる。犯罪行為のうち、これからさらに継続、発

展しようとする部分に着目してみれば、それは正に「犯罪が行われようとする」、すなわち、その行為が次々に構成要件該当性と違法性を具備しようとしていることにほかならないからである。このような考え方を明確に述べた判例としては、後掲判例㈥がある。

なお、制止の要件について、右に述べたところと異なり、「本条は、まだ犯罪が行われない前の段階を対象としたものであり、現に犯罪が実行されている段階に立ち至ればこれを阻止するのは公共の秩序の維持に当たる警察の当然の責務であるし、また、この場合には現行犯として行為者を令状なしに逮捕することすら認められているのであるから、本条に定める要件がなくても、必要な限度で犯人に対し犯罪をやめさせるため強制力を行使することができる」と解している判例がある。（後掲判例㈤、㈦参照。なお、これらの判例は直接には制止について述べているが、警告の場合も考え方は同様である。）。

4 「認める」というのは、警察官が現認する場合が大部分であろうが、それに限らず、各種の情報によって、犯罪が行われることが明確であることを探知した場合も含まれる。これらの場合の警察官の認定は、客観的事実と厳密に一致することは必要ではない（例えば、窃盗になると思って警告したが実は殺人罪を犯そうとしていたというのでも差し支えない。）が、その認定が恣《し》意的、独断的なものであってはならず、社会通念による客観性が必要であることはいうまでもない。

5 「その予防のため」とは、主として、犯罪そのものの成立を予防することを目的として、という意味であるが、反面、犯罪による被害の発生を予防する意味も含んでいる（したがって、関係者には被害者も含まれる。）。いずれにしても、犯罪予防という行政目的のものであることを法文上明らかにしたものである。

6　「関係者」とは、犯罪が行われようとしている事態に直接又は間接に関係のある者を広く指す趣旨である。犯罪を行おうとしている者（加害者）とその犯罪の被害者となるであろうと思われる者が主役であるが、それらの者が子供であれば、その保護者も関係者となる。場所や建物その他の工作物に直接関係のある犯罪であれば、建物等の管理者、占有者、所有者、その場に居合わせた者も、関係者となる。

7　⑴　「警告」の内容は、加害者、被害者その他の関係者に対し、注意、勧告、説諭、指示をすることであって、警察官の意思の通知という事実行為である。行政行為としての命令行為ではないから、これに従う法的義務は生じないが、この警告は、警察官の正当な職務執行であるから、関係者は、その警察官の警告の行為を受忍する義務があり、これに暴行、脅迫を加えて妨害することは許されない。この点については、第四条の場合と同じである。

⑵　警告の目的は、本条の場合は犯罪予防のためであって、第四条の場合が危険な事態における危害防止のためであるのと異なる。もっとも、被害者の方からみれば、犯罪事件も危険な事態であるから、その犯罪事件が「人の生命若しくは身体に危険を及ぼし、又は財産に重大な損害を及ぼす虞のある」危険な事態のときには、第四条の警告と本条の警告とが競合する。

⑶　警告の方法としては、その目的に従い、次の⑷で述べる限界内で、適宜なものであればよい。口頭による伝達、拡声機の使用、文書の伝達、掲示又は告示によるものがもっとも一般的であろうが、手ぶり、身ぶり、警笛、サイレン、旗その他の信号、ラジオ、テレビによる放送のほか、場合によっては、警察官が警棒を構えて列を作ったり、ナワを張ったり、騎馬、白バイ、パトカーを走らせたり、擬音弾、発煙筒を使用したりするものも一方法である。けん銃を擬したり、威嚇射撃をすることは、相手の身体に直接触れるわけではないが、実質的に考えると、相手の腕を取ったり、胸を押したりすることよりもはるかに強力な抑圧手段であるから、後段の制止の要件があり、しかも第七条の武器の使用条件に合致する場合にのみ許されると解するのを相当とする。

⑷　警告の限界　警告の手段としては、相手の意に反する実力の行使にわたることは許されず、説得手段の範囲にとどまるべきものと解される。本条が犯罪予防の手段を警告と制止とに区別し、制止については別の要件を定めているのは、犯罪予防のための実力行使を「制止」と呼び、後段の要件に従ってのみ用いるべきことを定めていると考えられるからである。もっとも、このことは、行動による警告が否定されるわけではない。⑶の方法のところで述べたように、警棒を構えて列を作ったり、白バイを走らせたり、ナワを張ったりすることは、その場の事態に応じ、社会通念上相当であれば、警告の手段として用いることができる。しかし、より積極的に実力で相手を制圧するのは、後段の制止の要件がある場合に限られる。

次の判決は、警棒を構えて群集を押し寄せて行ったことを警告として相当であるとしているようである。しかし、この判決の場合は、それが相手の自発的解散を促すものであることを条件とし、かつ、この法律の規定において制止をなし得る場合の要件が不備であることを念頭に置きながら、相手方の暴行とそれに対する警察官の行動（それは、群集を殴るなどの不法なものでなく、社会通念上許される正当な行動であったことを認めている。）との法益侵害の均衡を考慮して、公務執行妨害罪の成立を認めたものであって、この判決があるからといって、群集を警棒で押し寄せてることがいつでも警告として相当であるという結論を導き出されない。なお、正当防衛又は緊急避難の要件に該当する事態であれば、本条の要件に該当しない警告（制止についても同様）を行っても違法性はない。例えば、ひしめきあっている群集が橋から落ちるのを防止するため警棒で群集を押し返すことは、緊急避難であって、その際に警棒によって群集の中に軽傷者が出てもやむを得ない。次の判決の場合も、社会公共の法益の侵害に対する警察官の正当防衛の行為ではなかったかと思われる。

〈判　例〉

大阪高裁　昭和二七・三・二二判決

（要旨）　Y巡査の行為は、右第五条に基いて昭和二一年勅令三一一号違反の犯罪予防のため、当日同所に集つた被告人等に対し自発的退散をうながすに必要な警告の方法として警棒を構えて群集を押寄せて行つたのであつて、警棒をもつて群集を殴るなどの不法な実力を行使したものではない。所論（被告側の主張）は、いわゆる警告の方法として警棒の使用は許されないもののように考えているけれども、警職法五条の警告はまさに犯罪が行われようとしている場合に、その予防のため発せられるものであるから、必要であると認められる場合においては、その事態に応じ合理的に判断して臨機適宜の方法が採用されなければならない。従つて必ずしも文書又は口頭のみに限定される理由はないのである。必要ある場合には行動によつて警告を発することも相当であるといわなければならない。

8　⑴　「その行為」とは、そのまま放置しておけば、犯罪となるであろう行為である（犯罪になってしまった行為が更に続けられる場合も含まれる。本条注解3の⑶及び11の⑸参照）。言い換えれば、犯罪の構成要件に該当し、違法となる直前の行為である。例えば、傷害罪についていえば、傷害行為の前に密着する行為であり、内乱のように予備を罰する場合には、予備行為に着手しようとする直前の行為である。

⑵　その行為「により」というのは、その行為と次の要件である「人の生命若しくは身体に危険が及び、又は財産に重大な損害を受ける」ということに因果関係を必要とする趣旨である。すなわち、先行するその行為が原因となって、そのために人に対する危険や財産の損害を生ずる必然性が社会通念上認められる場合でなければならない。

9　⑴　「人の生命若しくは身体に危険が及び、又は財産に重大な損害を受ける虞がある」とあるのは、犯罪となるべき行為があっても、その行為を実力で制圧して犯罪を防止するのは、直接に人身や財産に危害が及ぶ犯罪の場合に限定しようとする趣旨である。世の中には多種多様の犯罪行為が行われている。それを警察官が現認し、かつ、急を要するのであれば、警察官は直ちにそれを制止すべきであるように思われるが、本号の要件が設けられたため、実力では事前に制止できない犯罪行為が多数生ずることとなった。これは不合理のように思われるが、本条がこの要件を設けたのは、次のような理由によるものであろう。

ア　本条前段の警告は、すべての犯罪行為について行うことができる。おそらく、大部分の犯罪は、この警告によって防止できるであろう。

イ　後段の制止は、人身の自由を物理的に制限するものであり、しかも、行政上の手段として裁判官の令状なくして行い得るものであるから、任意手段である警告の場合と異なり、犯罪の種類及び態様を限定する必要がある。また、制止の手段は、現場で行う警察官の実力行使であり、しかも、即時的な判断を下さなければならないものであるから、犯罪の中でも客観的に明確に認定できる態様のものについてのみ行われるべきものである。

ウ　憲法は、国民の基本的人権の尊重を最も重要な基調としている。本条に当てはめていえば、個人の生命、身体、財産に直接危害を及ぼす犯罪については、その個人の保護のため強力な予防措置を認めなければならず、その場合には、加害者の自由が侵されることがあってもやむを得ない。

エ　生命、身体についてはともかく、財産については、軽微な被害のものについてまで人身に対する実力行使を認めるのは、比例の原則上適当でない。

以上が本号の要件設定の合理的な根拠として考えられるものであるが、これについては、次のような疑問がある。

ア　犯罪の大部分が警告のみによって予防できるとするのは、社会の経験則に合わない。現に、警告を無視して行われる犯罪が跡をたたない。

イ　犯罪の態様をある程度限定することが必要だとしても、確実性、明白性があれば現場の措置になじむのであって、生命、身体、財産に直接危害を加える犯罪でなくても確実で、かつ、明白な犯罪は多い。

ウ　憲法は、基本的人権尊重を基調としているが、同時に、それは公共の福祉と調和されなければならないとしている。犯罪予防の手段について、個人の生命、身体、財産に対し直接に危害が及ぶ場合にのみ行使できると限定するのは、個人の保護に重点を置きすぎ、社会公共の秩序と安全の保持を軽視したきらいがある。個人の保護と社会の保安は、憲法の趣旨から考えても、行政上の警察目的の二つの大きな柱であって、どちらかの一方にのみ偏するのは妥当でない。社会の秩序と安全が保たれなければ、結局は、個人の安全も十分に保障できなくなる。したがって、個人に対する侵害でなく、直接には公益に対する侵害であっても、それが明白な場合には、社会公共の法益保護のため、加害者の自由が制限されるのはやむを得ないのではないか。

エ　比例の原則は、制止に限らず、即時強制のすべてに適用があるもので、それを明確にするためには、他の条項の場合と同様「必要な限度」とすべきであって、対象そのものを制限するのは適当でない（軽微な損害については、軽度の実力行使しか許されないことは、比例の原則上、当然である。）。

(2)　本条による制止の措置が及ばないで、犯罪が既遂に達すれば、現行犯人として逮捕することはもちろん可能である（刑事訴訟法第二一七条の制限はある。）。犯人逮捕によって犯罪予防の目的の大部分を達成できるのであるから、予防の手段はできるかぎり制限するのが適当であるとする考え方もある。しかし、この考え方は、次のような理由で妥当でない。

ア　犯罪が行われようとするときは、それが犯罪となるまで待つよりは、それ以前に予防の措置を行って犯罪の成立を未然に防止することの方が、社会のためにも、本人のためにも望ましいことは当然である。

イ　犯罪が進行しているときは、制止することも、逮捕することも、ともに可能である。しかし、両者の目的は、まったく異なる。制止は、その後の犯罪の継続、発展を予防し、危害を除去するという行政目的のものであり、逮捕は、犯人を処罰するという刑事目的のものである。一方の目的のために他の手続を利用することは、戒めなければならない。刑事目的のために行政上の手段を用いてはならないことは常に強調されるところであるが、同時に、行政目的のために刑事上の手段を利用することも不当である。犯人を逮捕すれば、現実には、その後の犯罪を予防し、危害を除去することになるが、それは結果としてそうなるだけであって、副次的な作用である。犯罪捜査の目的追求のためには、任意捜査の手段で十分であり、必ずしも本人の身柄を拘束することは必要でないという場合に、この副次的な作用があるために、強いて本人を逮捕するのは、行政目的のために刑事手続を利用したものであって妥当でない（なお、刑事目的のために逮捕したとしながら、刑事訴訟法にもとづくその後の捜査その他犯罪追及の手続きをとらないということは許されない。）。実務的にみても、例えば、多人数による犯罪の場合、その首謀者、指導者だけを逮捕、処罰すれば足り、他の者は現実に排除すれば足りる場合が多い。多数の者をいちいち逮捕する必要はなく、また、その意思もない場合に、現場における危害排除のためにのみわざわざ逮捕を行うべしとするのは、行政目的のために刑事手続の利用を強いることとなって適当でない。

(3)　「人」とは、「その行為」すなわち犯罪となろうとする行為によって危害を受ける者（被害者）をいう。単数に限らず、複数の場合があることはもちろんである。また、犯罪行為の主たる対象に限らず、第三者がその犯罪によって危害を受けることもある。この場合は、第三者も被害者である。さらに、犯人たる本人が同時に危害を受ける場合もある。この場合は、その者が加害者であると同時に被害者である。

(4)　「財産に重大な損害を受ける虞」とあるが、どの程度の損害が「重大な損害」となるのか、一概にいうことは難しい。前述のように、財産に対する軽微な損害については制止の必要を認めないとするのが本条の趣旨と思われるのであるが、どの程度が「軽微」なのか、「重大」なのかを現場で正確に判断するのはなかなか困難であろう。その困難な正確な判断を本条が求めているとは考えられないのであって、結局は、健全な社会通念により、常識的に「重大な損害」であるかどうかを認定すれば足りると思われる。ただ、この場合、比例の原則を念頭において財産に関する犯罪の予防と相手の自由の制限とが比例がとれているかどうか、すなわち、相手を実力で制圧してまで予防措置を講ずるほどの財産上の損失があるかどうかを認定することが必要である。

10　「急を要する場合」とは、事態が差し迫っている場合をいう。警告の場合よりも更に一段と犯罪の発生に密着した事態であって、もはや警告の措置では間に合わず、今制止しなければ、その犯罪が必ず行われてしまうであろうと思われる場合である。

11　⑴　制止の内容　「制止」とは、一般に、秩序をみだす言動を言語又は動作によってやめさせることをいう。本条の場合は、右のような言動をやめさせる手段のうち、注意、勧告、説諭、指示等言語によるものを「警告」といい、実力の行使にわたるものを「制止」といっている。すなわち、ここにいう「制止」は、犯罪となろうとする行為を実力で阻止するという警察官の事実行為であって、目前急迫の障害を除く必要上義務を命ずるいとまのない場合に行われる講学上のいわゆる即時強制の典型的なものである。

⑵　制止の目的　犯罪の発生又はその進展を予防するという行政目的のためのものである。犯罪の発生と密着した事態で行われるため、実際には犯人の逮捕と同一の時点で行われることが多いが、目的が相違すれば、その手段も区別されなければならないことは前述のとおりである。

⑶　制止の方法　犯罪行為が多種多様の態様で行われるのに対応して、それを阻止する方法も多種多様であるが、その具体的な事態に応じて、社会通念上妥当なものであることが必要である。例えば、犯行を行おうとする者を後から抱きとめること、その前に立ちふさがり、場合によっては突き飛ばすこと、凶器を振り上げておれば、それをもぎとること、犯罪現場におもむこうとする者を一定の場所に足止めすること、警棒を使って犯罪現場から排除すること、座り込んでいる者を抱きかかえて連れ出すことなどが、最も普通に行われる方法である。事態によって必要がある場合、例えば集団が暴力化しそうな場合には、消防ポンプにより放水することも制止の一方法として可能である。また、場合によっては、けん銃等の武器を使用することが、制止の方法として最も有効であるが、この場合は、本条の要件のほか、第七条の武器使用の要件を満たしていることが必要である（けん銃を擬したり、威嚇射撃にとどまるのであれば、危害要件は必要でなく、使用要件《主として、公務執行に対する抵抗の抑止のため必要な場合》を満たしておればよい。）。

⑷　制止の限界　制止の手段としては、実力の行使に及ぶことができる。その手段の限界として問題となる点は、次のとおりである。

ア　事態に応じ必要な限度に限られる。すなわち、比例の原則が適用されることはいうまでもない。犯罪の遂行を防止するために必要な強さの力を用いることはできるが、必要の範囲を超えて相手を抑圧することは許されない。

イ　制止は、予防のための手段であって、犯人を逮捕する行為ではない。したがって、継続的に身柄の拘束にわたることは許されない。その場における予防措置を講ずるための一時的なものに限られる。場所的な隔離、移動は、一時的なものとして可能である。例えば、暴徒の一部をトラックに乗せて犯罪現場から離れた所まで移動させることは、制止の一方法であるが、安全な場所で継続的に自由を拘束することは、制止の範囲を超えたものである。

ウ　相手が刀、ナイフ、包丁その他危険な物件を使用しようとしているときは、それを強制的に取り上げるのは制止の一方法である。しかし、制止は、仮領置ではないから、その物件を継続的に警察官の占有に移すことはできない。現場の措置として一時取り上げるだけであって、危険が去れば相手に返却するか、任意提出により保管することとなる。なお、銃砲刀剣類等については、警察官による一時保管の手続きが可能である（銃砲刀剣類所持等取締法第二四条の二）。

(5)　犯罪が既遂に達しても、それが進展している場合には、それに対する予防手段としての制止の措置をとることは可能である。その理論は、本条注解３の(3)で警告について述べたところと同様である。

(6) 警察官の制止権を定めたものとしては、本条のほかに酒に酔つて公衆に迷惑をかける行為の防止等に関する法律第五条がある。その法律の規定による場合は、本条の要件がなくても制止できることはもちろんである。また、国会法第一一六条、水難救護法第七条、民事執行法第六条、公職選挙法第六〇条には、当該公務員が一定の場合に制止権（水難救護法、民事執行法では、制止という言葉を用いていないが、内容は同じである。）を行使することを定めており、必要な場合に警察官の援助を求めることができることとなっている。これらの規定に基づいて援助に赴いた警察官は、制止権を有する当該公務員の意図に従って、その制止権を行使することが可能となる。

なお、国の法令のほか、地方公共団体の条例で警察官の制止権を定めているものも少なくない。いわゆる公安条例の多くはそうであり、また騒音防止条例にもその例がある。これらの条例は、それぞれその条例によって達成しようとする行政目的を実現するため必要な範囲内で警察官の制止権を定めたものである。本法は、警察の責務を遂行するために必要な警察官の権限を一般的に定めたものであって、特定の目的のため必要な権限を条例で定めることを禁じているわけではないから（本法第一条、第八条参照）、それらの条例の規定が直ちに本法本条に抵触することにはならない（規定の内容が、憲法及び本法の趣旨に照らして妥当なものであることが必要であることはもちろんである。）。したがって本条の要件に該当しない場合でも、警察官は、それらの条例の規定に従い、制止権を行使することが可能である（後掲判例㈣参照）。

(7)　本条の制止の要件に当たらない場合であっても、正当防衛又は緊急避難の要件に当たる場合には、警察官が本条の制止と同様の行為にでてそのため他人の権利を侵すことがあっても、その行為には違法性はない。正当防衛により防衛し得る法益には、国家公共の法益も含まれるから、例えば、不退去罪等の場合において、本条の制止が許されないときでも、警察官の制止行為が正当防衛として許される場合があり得るであろう。

(8)　なお、ついでであるが、刑法第一〇七条の多衆不解散罪は、当該公務員の解散命令を構成要件の一つとしている。また、軽犯罪法第一条第一四号は、公務員の制止があることを要件としている。これらの犯罪の実体規定は、警察官の権限の根拠規定とはならないのであるから、この解散命令なり、制止なりは、別に警察官のその権限についての根拠があることを予定しているものである。その根拠法は、すなわち、本条である。そして刑法第一〇七条の場合は、本条の警告が命令的な態様で行われた場合をいうのであり、軽犯罪法第一条第一四号も、本条の警告（軽犯罪法でも制止という言葉を用いているが、それは本条の制止のように警告と区別されたものではなく、むしろ、主として警告的な内容のものを指しているものと思われる。また、本条の制止の要件には当てはまらない場合である。）が行われた場合のことを指しているものと思われる。

本条の警告及び制止に関連がある判例としては、次のようなものがある。

〈判　例〉

㈠　福岡高裁　昭和二六・三・三一判決

（要旨）　集会が無届で行なわれ、かつ、当時の状況は公安を乱す危険があつたので警察官において解散を命じたがこれに応じないので解散を強行したものであつて右警察官の処置は適法である。

㈡　福岡高裁　昭和二八・一〇・一四判決

（要旨）　巡査が犯罪予防のため警告を発することは、警職法による職務であり、相手がこれをきかずその行為を継続するときは、警告を繰り返して所期の目的を達するようにすべきであるから、最初の警告後巡査に暴行を加え職務の執行を中絶するのやむなきに至らしめたときは、公務執行妨害罪が成立する。

㈢　大阪高裁　昭和二八・一〇・一四判決

（要旨）　ホテル従業員が争議中、ホテル表入口にピケットラインを張り、一般来客を押し返す等立入りを阻止したことは、暴行行為の事態に入つたものであつて、労働組合法一条二項、刑法三五条による合法性を喪失し、暴行罪、業務妨害罪を構成する違法な争議行為というべきであるから、警察官が実力によりスクラムを離し、ピケットラインを崩す等の行為をとつたのは、警職法第五条後段に該当する適法な行為である。

㈣　東京高裁　昭和三二・三・一八判決

（要旨）　警察官は、退庁後も所属管内の発生事件につき職務権限を有するものであるから、けんかの制止をした巡査の行為が退庁後の行為だからといつて警職法第五条所定の職務権限がないということはできない。

㈤　東京高裁　昭和三二・三・一八判決

（要旨）　人の身体に危険を及ぼすおそれのあるけんかの場合、けんかの一人が巡査の口頭による制止をきかず執よう積極的な攻撃をするのに対して同巡査が払い腰で数回投げ倒し、一時抑えつけて起きあがれないようにした程度の実力措置は、保身を兼ねたけんか制止の手段として、警職法第五条にいわゆる制止の手段として適法かつ妥当である。

㈥　神戸地裁　昭和三三・一一・二五判決

（要旨）　被告人は酒に酔つていたが暴行するようなおそれある行為に全然でていなく、また急速を要する状況もなかつたのに、同人の手を引張つて派出所内に連れ込もうとしたことは警職法第五条の適法な職務行為とはいえない。

㈦　東京地裁八王子支部　昭和三三・一二・一六判決

（要旨）　第一測量線に入る際、何ら人の生命、身体に対する危害切迫したような状況を認識せず、又そのような状況もなかつたことが窺えるのであり、又証言によれば、妨害行為としては、第二測量線において罵声による妨害、第三測量線において藁や笹を燃やして煙を出す行為、藁や笹に糞尿をつけて振りかける行為等を認識したに止まることが明らかであるから、警職法五条、六条所定の要件を具備していたものとは認められず、その職務執行は適法でない。

㈧　東京地裁　昭和三二・五・五判決

（要旨）　（右東京都条例は違憲と解すべきであることは弁護人所論のとおりである。）しかし、被告人等の集団は、紙袋に砂、唐辛子を入れた目潰しを予め用意携帯し、かつ、集合の当初から警察官に対し攻撃を加え、拳銃を強奪する等の犯罪行為を犯したものを構成員とし、その後も引続き同様の暴挙に出でる危険を包蔵し、これを放置すれば不測の事態を惹起し、ひいて警察官、参加者その他一般通行人の身体、財産に危険が及び急を要する場合であつたことが明白であり、警職法第五条に従い警察官は右集団行動の継続を制止しうる状況であつたことを認めることができる。警察署長及び警察官のとつた解散の措置は、主観的には前記無効の東京都条例に基くものと解していたとしても、警職法五条による制止行為として適法であつたと認める。

㈨　東京高裁　昭和三三・七・一八判決

（要旨）　これ以上集会を継続させるときは、一般通行人や附近の住民の身体、財産等に危害を及ぼす犯罪の発生するおそれがあり、これを解散させる緊急の必要があつたものと認められるときは、警察官は、これを予防するため集会の解散を警告し、これに応じない場合には、実力をもつて解散を強行することが警察官の職務権限に属するものである以上、東京都条例が所論のように違憲無効であると否とに拘らず、警察署長の発した解散命令は適法である。

㈩　横浜地裁　昭和三四・九・三〇判決

（要旨）　本件において原告組合のピケが違法であつて、実力を以てこれを排除した警察の行為それ自体は何ら不法のものではないことは後記のとおりであるが、原告等が多数を擁して執拗に警察官の前進を阻止したとはいえ、原告等は兇器を手にして抵抗した訳ではなく、単にスクラムを組んでその前進を阻止し、或は素手で警察官を押し返したに過ぎないか又は既にピケラインの撤収が発令され、緊張の状態から解放されたのに、一部の警察官が正規の警棒の操法に違反して又は不必要に警棒を以て原告の胸部を突き上げ、或はその頭部を殴りつけるなどして傷害を与えたものであるから、右の行為は、ピケ隊の抵抗を排除するに必要な実力行使の限界を越えた違法のものである。……原告組合員の設定したピケは、原告組合員の言語による説得及び団結による示威にもかかわらず就労のため入門しようとする第二組合員をあくまで実力を以て阻止しようとするものであるから、これがいわゆる「ピケッティングの平和的説得の限界」を逸脱した違法なものであることはいうまでもなく、従つて、第二組合員を入門させるため実力を行使してこれを排除しようとした警察官の行為は、正当であつて、これをもつて原告組合の争議権を不法に侵害したものということはできない。

㈩　大阪高裁　昭和三四・九・二〇判決

（要旨）　警職法五条に「犯罪がまさに行なわれようとする」というのは、犯罪を行う危険性が時間的に切迫していることをいい、原判決の例示している「棒をもつて人の背後に迫つている場合」のように犯罪の実行行為に着手する直前の状態であることを要するものではなく、社会の通念上犯罪の危険性が切迫していると考えられる場合であれば足りるものと解すべく、……同条にいわゆる「急を要する場合」とは、その場で制止しなければその行為を阻止しえない状況にあることをいうものと解すべきであるが、果たしてその場で制止しなければ阻止しえないかということは、もとより物理的な可能性の有無をいうのではなく、社会通念によつて判断すべきものである。

㈪　山形地裁　昭和三五・四・一八判決

（要旨）　ピケ隊は、警官隊の警告にも応じないのみか、却つて、ジープの前面附近にあつた測量隊員を多数をもつて押しつつむようにして取巻き、測量実施の当否を争つて執拗にその前進を阻み、……いよいよ気勢をあげていたものであつて、ピケ隊は何等正当の理由がないのに道路上にスクラムを組み立塞つて測量隊員等の進行を妨害し、しかも、その行為は、説得乃至は話合い或いは集団的行動に自ずから伴う心理的圧迫等の範囲をはるかに越え、これをそのまま放置するにおいては、勢のおもむくところ、測量隊員の少くとも身体に危険を及ぼす犯罪が発生するかも知れない急迫した状態に立到つていたことは明らかであるから、警官隊が実力による排除行為をなしたのは、警職法五条の規定に該当する適法な職務行為である。

㈩三　東京高裁　昭和四六・三・一〇判決

（要旨）　警職法五条は、犯罪がまさに行なわれようとするのを認めたときに警察官に対し警告ないしは制止の権限を認めた規定であり、都公安条例四条は集団行動が同条例に違反して行なわれた場合に、警視総監に対し警告、制止その他所要の措置をとる権限を認めた規定であつて、この両者が一見類似した規定であることは認めざるをえないところである。しかしながら、この両規定をよく注意して読めば、前者は犯罪がまえに行なわれようとしている場合、すなわちまだ犯罪の実行される前の段階を規定したものであるのに対し、後者はすでに条例に違反した行為が行なわれた段階のことを規定したもので、規定の対象を明らかに異にしているから、その点ではこの両規定は牴触するものとはいえない。また、警職法がその五条において犯罪のまさに行なわれようとしている場合の警察官の権限だけを規定しているからといつて、進んで犯罪ないし違法行為がすでに行なわれた段階における警察官のなんらかの権限を否定しているものとはいえないし、その点に関し他の法令が特定の場合に関し必要と認める規定を設けることを禁じているものとも解されない。

㈩四　東京地裁　昭和四六・四・一七判決

（要旨）　傍聴人らが右退去命令にいっこうに従わず、加えて廊下に並んだ機動隊に向つて何人かでスクラムを組み、中には肩でぶつかるなどしてくるものがあつたので、このままの状態では不退去罪が成立するし、場合によつてはけがでもするような事態がおこるのではないかと判断して、機動隊員らをして傍聴人ら全員を対象として排除活動を開始させたことが認められる。このような状況からすれば、右N中隊長の判断は適切であり、警察官らの本件排除行為はまさに警職法五条の要件をみたしているものというべきである。

なお、当裁判所としては、警察官らの排除行為の開始時点において、すでに不退去罪が成立しているものと思料する。このように不退去罪が成立する場合には、司法警察職員として検挙活動にのり出すことも可能であるが、状況により犯罪の鎮圧に重点を置き、本来は被疑者ともいうべき不退去者を警職法五条に認められる制止程度の強制力で庁舎外に排除することは、警察法二条一項、刑訴法二一三条、警職法五条の全体的な解釈から適法であるというべきであり、この場合には、現に犯罪が行なわれつつあるのであるから、犯罪がいまだに行なわれていない場合とは異つて、かならずしも警職法五条にいわゆる「人の生命若しくは身体に危険が及び、又は財産に重大な損害を受ける虞がある」という要件を要しないと解すべきである。

## ㈩㈤ 鹿児島地裁　昭和四六・六・二四判決

**（要旨）**　警職法五条にいう「犯罪がまさに行なわれようとする……とき」とは、通常、ある犯罪が行なわれんとする場合における当該犯罪の実行に接着した事前の時期、段階を指称し、既に当該犯罪について、実行着手があり、あるいは既遂に達した事情がある場合は、原則としてこれに含まれないものと解するのが相当である。しかし、当該行為が、その態様上、継続、反覆して行なわれる場合においては、一方で既に犯罪として着手あるいは既遂に立つものが存するとともに、他方では、いまだ犯罪の着手に至らないいわゆる「前犯罪行為」の存在をも考えうるのであるから、その限りにおいて、なお、犯罪の実行に接着した事前の時期、段階の観念を容れる余地がある。したがつて、かかる場合においては、右のような時期、段階をとらえ、これを警職法五条にいわゆる「犯罪がまさに行なわれようとする……とき」に該当すると解するに妨げない。行為の一部が既に犯罪として既遂に達する一方、さらに別途「前犯罪行為」も認められる場合においては、警職法五条の規制をなすことも、既遂に達した犯罪行為を理由として、行為者を現行犯人として逮捕することもできるのであつて、いずれを選ぶかは、その衡に当たる警察官の職務執行上の合目的裁量、選択に委ねられているものと解するのが相当である。

㈩㈥ 東京高裁　昭和四七・一〇・二〇判決

（要旨）　警職法五条は犯罪がまさに行われようとするのを認めたときに、警察官に対し警告ないしは制止の権限を認めた規定であつて、まだ犯罪が行われない前の段階を対象としたものであるから、進んで犯罪が現に行われている場合にもこの規定がそのまま適用されると解するのは相当でない。けだし、同条が警察官の介入につき厳格にその要件と限度とを規定しているのは、まさにそれが行われようとしているにもせよ、まだ犯罪が現に実行されていない段階のことであるから、基本的人権保障のためこれを明定する必要があるからと解せられるが、これに反し現に犯罪が実行されている段階に立ち至れば、これを阻止するのは公共の秩序の維持に当たる警察の当然の責務であるし、またこの場合には現行犯として行為者を令状なしに逮捕することすら認められているところからみても、あえてその要件ないし阻止行為の態様を限定するまでのこともないため、別段の規定を設けなかつたものと解されるからである。それゆえ、すでに犯罪が現に実行されている段階においては、警察官としては当該犯罪を鎮圧実施するために必要と認められる限度において、しかも憲法に保障する個人の権利および自由を不当に侵害し権利の濫用にわたらないかぎりは、犯人に対し犯罪の実行をやめさせるため強制力を行使することが許され、この場合においては特に警職法五条後段の要件を必要としないものと解するのが相当である。

㈩㈦ 青森地裁弘前支部　昭和五一・四・一五判決

（要旨）　現に犯罪の行なわれている場合であっても、その犯罪の性質、態様、四囲の状況等に鑑み、違法状態が解消しさえすれば一般交通の平穏も回復されるから、そのうえ、特に犯人として直ちにこれを逮捕し、身柄を確保するまでの必要性もなく、また、集団に対し一挙に現行犯逮捕の措置に出ると、かえって現場における混乱を増大させ、道路における平穏を害することが懸念されるような場合には、その場にあたる警察官としては、その裁量により現行犯逮捕という強力な手段に訴えることなく、人身の自由に対する拘束、制約の程度のより少ない警職法五条後段の制止（規制）をとりうる（かえって、かようにより控え目の方法によって、その警察活動を志向することが、刑事手続の本旨からも望ましい。）こととしても、警察法二条一項、刑訴法二一二条、二一三条、警職法五条等に規定する法の精神に反するものではない。まして、本件の場合には、現に犯罪が行なわれ、しかも前示のとおり、違法状態の継続、発展により一般交通に著しい影響を及ぼすことは必至の状況にあったのであるから、併せて、警職法五条後段にいわゆる「人の生命若しくは身体に危険が及び、又は財産に重大な損害を受ける虞がある」との要件をも充足されており、したがって、警察官の本件制止行為は、かかる場合の措置として一層合理的であったと考えられる。

# 第七章　立入り

**第六条**　（立入）[1]警察官は、前二条に規定する危険な事態[2]が発生し、人の生命、身体又は財産に対し[3]危害が切迫した場合において、その危害を予防し、損害の拡大を防ぎ、又は[4]被害者を救助するため、已むを得ないと[5]認めるときは、合理的に必要と判断される[6]限度において他人の土地、[7]建物又は船車の中に立ち入る[8]ことができる。

**2**　興行場、旅館、料理屋、駅[9]その他多数の客の来集する場所の管理者又はこれに準ずる[10]者は、その公開時間中[11]において、警察官が犯罪の予防又は人の生命、身体若しくは財産[12]に対する危害予防のため、その場所に[13]立ち入ることを要求した場合においては、正当の理由なくして、[14]これを拒むことができない。

3　警察官は、前二項の規定による立入に際しては、みだりに[15]関係者の正当な業務を妨害[16]してはならない。

4　警察官は、第一項又は第二項の規定による立入に際して、その場所の管理者又はこれに準ずる者[17]から要求された場合には、その理由を告げ[18]、且つ、その身分を示す証票を呈示[19]しなければならない。

本条は、危害予防、被害者救助、犯罪の予防等の警察責務の遂行のため一定の条件の下に一定の場所に立ち入ることを認めたもので、第一項においては、危険が切迫した場合の応急の立入り権、第二項においては、公開の場所に対する立入りの保障について規定している。

1　「立入」　(1)　憲法第三五条は、同法第三三条の場合を除き、司法官憲が発する令状がなければ何人もその住居を侵されることはない旨を定め、基本的人権の一つとして私住居不可侵の原則を保障している。憲法の規定は、直接には犯罪捜査のための刑事手続に関して行われる住居への立入りを規制するものであるが（第五条注解1の(2)参照）、刑事手続以外の行政手続についても、その手続の性質や目的、強制の態様、目的と手段の均衡や合理性の有無等によっては、憲法の令状主義の保障が及ぶことがあると解されている。この憲法の趣旨は、行政上の手段についてもできるだけ尊重しなければならない。

しかし、本条第一項の立入りは、危険な事態が発生した場合に専ら人の生命、身体又は財産を保護することを目的とするものであって、刑事責任追及のための資料の収集に結びつく作用を有するものではなく、また危険が切迫した緊急やむを得ない場合に限定し、当該立入りに伴って新たな権限を付与するものでもないから、憲法第三五条の趣旨に反するものではない。

なお、行政上の立入り権を認めた立法例の中には、このことを明らかにするため「この規定による立入り権は、犯罪捜査のために認められたものと解してはならない」という注意規定を置いているものも多い。本条にはこのような注意規定は置かれていないが、憲法との関係から見て、規定がなくても当然そう解すべきところである。

(2)　行政執行法は、第二条において「当該行政官庁ハ日出前、日没後ニ於テハ生命身体又ハ財産ニ対シ危害切迫セリト認ムルトキ又ハ博奕、売淫ノ現行アリト認ムルトキニ非サレハ現居住者ノ意ニ反シテ邸宅ニ入ルコトヲ得ス但シ旅店、割烹店其ノ他夜間ト雖衆人ノ出入スル場所ニ於テ其ノ公開時間内ハ此ノ限ニ在ラス」と定め、夜間における立入り権を原則として緊急の場合に制限する反面、昼間においては、職務の性質上住居内に立ち入らなければ執行できないものについては、立入りについての明文の規定がなくても、その職務を規定した法令により当然に立ち入ることができるものと解されていた。これに対し、本条は、夜間、昼間を問わず、居住者の意に反する緊急立入りは、生命等に対する危害切迫の場合に限定するとともに、公開時間中の公開の場所については、犯罪予防又は危害予防のために一般的に立入りをなし得ることを保障したのである。

2　「前二条に規定する危険な事態」とは、(1)第四条に規定する「人の生命若しくは身体に危険を及ぼし、又は財産に重大な損害を及ぼす虞のある天災、事変、工作物の損壊、交通事故、危険物の爆発、狂犬、奔馬の類等の出現、極端な雑踏等危険な事態がある場合」及び(2)第五条に規定する「犯罪がまさに行われようとするのを認めたとき」の二つの事態である。この二種の危険な事態が発生した場合にだけ本条第一項の立入りが認められるのであるから、第三条に規定する応急の救護を要すると認められる者を発見したという理由では本条第一項による立入りはできない（管理者の承諾があり、又は管理者の求めがあれば、そのような場合にも立ち入ることはできるが、それは本条第一項による立入りではない。）。もっとも、精神錯乱又はでい酔者が他人の生命、身体又は財産に危害を及ぼそうとしているときであれば、それは第五条の「犯罪がまさに行われようとする」ときでもあるから、その場合は、第一項による強制立入りが可能で、その者の住居に立ち入って警告又は制止を行い、さらに、応急の救護を要する状態であれば、第三条による保護を行うことは可能である。

3　「人の生命、身体又は財産に対し危害が切迫した場合」とは、前二条に規定する危険な事態が発生した場合の中でも、更にこのような要件のある場合に限定する趣旨である。第四条の危険な事態はすべてこの要件を充たすことになるが、第五条の場合は必ずしもそうでない。犯罪の中にはこのような要件を充たさない態様のものも多いからである。例えば、行政法規違反の犯罪、軽犯罪法に規定する犯罪の多くはそうであり、また刑法に定められた犯罪類型でも、例えば、文書偽造、わいせつ、重婚、賭博《と》、名誉毀損、秘密漏泄等の罪はこの要件を充たさないから、現行犯人逮捕のため立ち入るのは格別、これらの犯罪の予防のため、すなわち、警告をするため本条第一項による立入りを行うことはできない。

4　「その危害を予防し、損害の拡大を防ぎ、又は被害者を救助するため」とは、立入りの目的を限定する趣旨である。すなわち、この三つのうちのいずれかの行政目的を達成するためであれば本条第一項の立入りが認められる。反面、前述のように、犯罪の捜査のためにはこの立入りは認められないのはもちろんのこと、他の行政目的、例えば、行政取締り法規の執行確保のためにここに定める立入りを行うことはできない（したがって、行政監督のための立入りについては、それぞれの法規で立入り権を定めているものが多い。）。もっとも、この危害予防等は、立入りの目的を限定したもので、その効果を規定したものではない。被害者を救助するために他人の家に飛び込んでも、やや時機を失したり、人数が不足したため救助行為を有効適切に行い得ない場合はあり得るが、その場合の立入りは適法、妥当なものである。

5　「已むを得ないと認めるとき」とは、その危害を予防し、損害の拡大を防ぎ、又は被害者を救助するための手段として、その場所に立ち入る以外に他に適当な手段がないと認められる場合という意味である。すなわち、警察官が強いて立ち入らなくても、建物の外から注意、警告をすることによって十分間に合う場合には、無理に立ち入ることは許されない。「認める」のは、現場の警察官自身の判断による。この場合の判断は、他の条文の場合と同様、社会通念からみて客観的に妥当性のある判断でなければならないことはもちろんである。

**6**　「合理的に必要と判断される限度において」とは、立入り権行使の程度とその行使によって除去される障害の程度とが正当な比例を保つべきこと、すなわち、比例の原則を注意的に定めたのである。例えば、危険物爆発のおそれがある場合に、その危険物を収めた倉庫に立ち入ることはこの限度内のもので正当なものであるが、危険と直接関係のない工員の寄宿舎に立ち入ることはこの限度を超えるものである。

**7**　「他人の土地、建物又は船車」は、警察官が立ち入ることのできる場所、すなわち立入りの客体を示したものである。

(1)　「他人の」とあるのは、所有者、占有者その他の管理者の支配に属するという意味である。本条第一項による立入り権の客体は、本来私住居の自由が認められている場所であって、第一項の要件にしたがってのみ、その自由が侵されることになる。人には、自然人のほか法人も含まれることはもちろんである。

(2)　「土地、建物又は船車」は、他人の管理する場所を例示したものであって、それを限定した趣旨ではない。前述のとおり、本条は、本来私住居の自由が認められる場所を対象とし、危害切迫の場所にその予防等の社会公共の福祉の必要上警察官の立入り権を認めたものだからである。「土地、建物」には、工作物その他の施設及び水面を含み、「船車」の中には、あらゆる船舶及び汽車、電車、自動車等の車両のほか、航空機も含まれる。したがって、本条本項については、我が国の行政権の及ぶ範囲内においては実質的には場所的制限はないといえる。

8　「立ち入る」　(1)　本条第一項による立入りは、相手方の意思に反してでも行い得る強制立入り権を定めたもので、現実の障害を除く必要が切迫しているときに認められる即時強制である。本項のような要件がある場合は、通常は、相手方の黙示の承認がある場合が多いであろうが、本項は相手方の諾否の意思に関係なく立ち入ることを認めているのである。相手方が積極的に警察官の応援を求めたり、警察官の申出に明白に同意した場合には、警察官はその場所に立ち入ることができるが、それは、任意の活動であって、あえて本項の規定を必要としない。

(2)　本条本項に基づく立入りを拒んだ場合についての罰則の定めはない。行政取締り法規には、その法規の実施のため当該公務員の立入り検査権を認めたものは多いが、その立入りを拒み、妨げ又は忌避した者については、罰金等に処する旨の罰則を設けているのが通常である（例えば、風俗営業者等の規制及び業務の適正化等に関する法律第三七条、第四九条、火薬類取締法第四三条、第六一条、消防法第四条、第四四条等）。このように罰則の定めがある場合の立入り検査は、即時強制手段ではないと解すべきであろう。すなわち、そのような場合は、緊急性の要件が少ないので、相手方の承諾を前提とし、相手方は正当な理由なくして承諾を拒んではならないことを罰則によって心理的に強制されており、この間接の強制によって立入りの目的を達しうる場合であって、実力によってその目的を実現しなければならないほどの必要性は認められないのである。これに対し、本条に罰則の担保がないのは、罰則による間接の、心理的な強制では目的を達しがたい場合であるからである（なお、行政監督のための立入りで、罰則がある場合でも、間接強制ではなく、即時強制と解する説もある。しかし、そう解すると緊急立入りの場合とその担保について均衡を失することとなる。すなわち、緊急立入りの場合は、その執行は罰則でなく実力で担保されており、暴行、脅迫による妨害がなければ公務執行妨害罪とならない。これに対し、行政監督のための立入りについては、それを拒み、妨げ、又は忌避した者を罰することとなっているから、その場合にも、直接の実力行使が許されるとしたのでは、緊急の場合の立入りの執行よりも通常の場合の取締りのための執行の方が厚く保障されることとなって不合理である。）。

(3) 本条第一項による立入り権には、停車権、停船権を含むものと解する。これについては若干の異説もあるが、停車又は停船は、立入りを実現するための手段である。急迫の場合において、船車に対する立入り権を認める以上、その前提となる停車権、停船権をも認めているものと解さなければ、結局はその目的を達することができず、本条の趣旨に合わない。海上における船舶の停止及び立入りについては、海上保安官の権限と競合するが、都道府県の地先水面たる海上（すなわち領海）は、都道府県の区域であり、都道府県警察の管轄区域であるから、警察官が領海内での船舶に対し本条の権限が行使できることは当然である。

(4)　この立入り権には、通行権も含まれる。例えば、Aの地域において犯罪その他危険な事態があり、Aに通ずる道路がしゃ断されている場合、道路でないBの地域を通行しAに赴くことが許される。この場合、Bの地域には直接の危険な事態がなくても、Aに赴くのに他に手段がなければ、本条の立入りの一態様として通行することが可能である。

(5)　警察官が本条本項に基づき他人の土地等に立ち入った後、その場所で行う行為については、特に積極的な規定はない（行政取締り法規において立入り権を認めたときは、同時に、関係者への質問、帳簿類の検査等の権限を定めているのが通常である。）が、本条の趣旨から考えて、人の生命、身体若しくは財産に対する切迫した危害を予防し、損害の拡大を防ぎ又は被害者を救助する活動であると解される。法律上の権限としては、第四条に基づく警告、引き留め、避難等の措置又は第五条に基づく警告、制止等があるが、これらの権限による行為以外にも警察法第二条に定める責務の範囲内で危害予防、被害者救助等の活動を行うこととなる。

なお、これらの活動のほかに、法定の要件が備わり、かつ、合理的に考えて必要がある場合には、他の行政手段を併せて行うことも許される。例えば、その地域に挙動不審者がいれば本法第二条に基づき職務質問、同行要求を行い、また、保護の要件を備えている者がいれば、本法第三条に基づき保護を行うことはできる（質問又は保護のためだけでは本条の立入りを行う要件にはならないが、立ち入った場所で、質問、保護等を行うことが否定されるわけではない。）。

なお、前述のように、犯罪捜査の目的のために本項の緊急立入りを行うことは許されない。強制的な捜索、差押等については、そのための令状を必要とする。任意捜査に着手することについてもそのための承認を得る必要があろう（もっとも、犯人を逮捕したり、逮捕の現場での強制処分を行うのは差支えない《刑事訴訟法第二二〇条》。）。

9　「興行場、旅館、料理屋、駅」は、いずれも「多数の客の来集する場所」の例示である。「多数の客」というのは、本項の趣旨及び右の例示から考えて、不特定多数の外来者の意味と解される。すなわち、「多数の客の来集する場所」とは、公衆が自由に出入りできる場所（料金の有無を問わない。）、公開の場所というのと同じであり、場所には施設が含まれる。それは、特定の管理者が管理するかにかかわらず、公衆の出入する限度で公共の場所となる。法文に挙げられた例示のほか、電車、バス等の乗り物、動物園、遊園地、遊技場、デパートその他の店先等は、いずれも公開の場所である。多数の者が来集しても、それが特定の者のみを対象とした研究会や講演会あるいは特定の人達の懇親会である場合は、公開の場所ではない。また、料理屋の帳場、駅の事務室、旅館の客の泊まっている部屋等は、公開されていない場所であり、本項の対象にならず、第一項の要件がある場合にのみ立ち入ることができる。

10　「これに準ずる者」とは、その場所の管理を委任されている者又は管理権を委任されていなくても現実にその場所を支配していると認められる者をいう。例えば、料理屋の主人が居合わせないときには、その使用人が管理者に準ずる者であり、駅や野球場の入場口の改札者も現実にその場所を支配している者としてこれに当たるものと解する。

11　「公開時間中」とは、現実にその場所を一般の使用に供している時間中の意味である。風俗営業、飲食店営業等には法律、命令、条例等で営業時間が規制されていることが多いが、ここではその規制された時間でなく、現実に公開されている時間をいう。法令による時間の制限に違反している場合でも、現実に営業している間は、ここにいう公開時間中である。

12　「犯罪の予防又は人の生命、身体若しくは財産に対する危害予防のため」とは、本条第二項による立入り要求権の目的を規定したものである。

⑴　警察法第二条に警察の責務として、「警察は、個人の生命、身体及び財産の保護に任じ、犯罪の予防、鎮圧及び捜査、被疑者の逮捕、交通の取締その他公共の安全と秩序の維持に当ること」と定められているが、本項は、前述の第一項とともに、右の責務のうち、「個人の生命、身体及び財産の保護」と「犯罪の予防」のための具体的な手段としての立入りを定めたものである。犯罪の捜査、被疑者の逮捕のための立入りについては刑事訴訟法の定めるところであり、交通の取締りの目的が規定されていないのは、場所的にみてその必要がないからである。警察の所管する行政監督のための警察

官等の立入りについては、例えば、風俗営業等の規制及び業務の適正化等に関する法律、古物営業法、質屋営業法、火薬類取締法等の定めがあり、また、青少年保護育成条例、金属くず取締条例で立入り権を定めたものがある。これらの行政法令によって定められた立入りと本条による立入りとは競合するが、本条の規定が一般的な犯罪予防、危害予防を目的とするのに対し、各種の法令による立入りの規定はその法令によって達成しようとする行政規制の監督手段として定められたもので、本条に対し特別法たる立場に立つので、それらの法令の規定が優先的に適用される。

⑵　本条第一項が、人の生命、身体、財産に具体的に危害が切迫した場合の立入り権を定めたものであるのに対し、本項は、生命、身体等に対して危害又は犯罪の発生の抽象的な危険性がある場合の立入りを定めたものである。すなわち、本項による立入りについては、犯罪又は危害の発生の蓋然性があればよいとする趣旨である。しかも、公開時間中の公開の場所には、常にこれらの危険の発生の蓋然性があると推定されるのであって、第一項の場合のように、客観的にその発生の具体的な危険性を認定することは必要でない。

13　「立ち入ることを要求」した場合と定めているから、ここに規定したのは、立入り権そのものではなく、立入り要求権であることに注意を要する。前述のように、本項は、犯罪の予防、危害の予防等社会又は個人に対する抽象的な危険の排除を目的としたもので、具体的な危害が切迫した場合でないから、即時強制として強制立入り権を認める必要はないと考えられたものである。ここにいう要求は、本法第二条第二項の同行要求と同じで、警察官が相手方にその場所に立ち入ることを求める行為である。この要求の仕方は、強制にわたらない程度において相当強く説得する方法で行うことができる。これに対して諾否を決するのは、相手方である。相手方は原則としてそれを承諾する義務があるが、立入りを警察官が決するのでなく、結局は相手方の意思にかからしめている点で、この立入り要求は、前述した（本法注解総論《二》2の⑵参照）任意手段の一種である。

14　⑴　「正当の理由なくして、これを拒むことができない」というのは、公開の場所の管理者等に警察官の立入り要求に対する応諾の義務を課したものである。法文上は「拒むことができない」となっているが、これは、権利能力又は行為能力を定めたものではなく、「拒んではならない」という義務を課したものと解すべきである。法文上は、「正当の理由」があれば、管理者は、警察官の要求を拒否できるように読めるが、ここにいう「正当な理由」とは何であろうか。

本項による立入り要求には、犯罪又は危害の発生の具体的危険性は必要でないから、管理人がその発生の具体性がないことを述べても「正当の理由」にはならない。また、公開時間中の公開の場所には、公共性があり、犯罪又は危害の発生の蓋然性が常に存するのであり、また、公開していることは、何人に対しても、そこに出入りすることについて包括的に事前承認をしたものと認められるものであるから、管理人は、その発生の蓋然性のないことを主張して「正当の理由」とすることはできず、警察官に対してのみ出入りを拒むことが正当でないことはもちろんである。客観的に公開の場所である限り、警察官の立入りを拒否するような「正当の理由」は考えられない。管理者が主張できるのは、その場所又は時間に公開性がないことである。例えば、特定の者だけの集会であること、営業時間を過ぎていて今は営業してないことなどである。これらの理由に客観性があれば、それは、正当なものであって、本項による立入りはすることができない。なお、入場料は観覧又は利用に対する対価であって、公開性を否定するものではないから、警察官が本項に基づいて職務行為として立入りを要求した場合には、入場料の支払いを要求して立入りを拒むことは正当な理由にならない。

(2) 正当な理由がないのに要求を拒絶した場合には、警察官は強制的に立入りができるとする説があるが、前述のように、本項は、その立入りの性質上即時強制としての要件を欠き、強制立入りの必要は認められない場合であり、また法文上も強制を認めると解するには無理がある。やはり、任意手段の範囲内での要求とそれに対する相手方の応諾義務を規定したものと解すべきである（罰則の担保がないからという理由で即時強制とし、また、説得に応じなければ即時強制できるとするのは、根拠が薄い。強制的に立入りできるとするには、それに合致する要件を定めた明文の根拠が必要である。）。

本項の規定は、急迫の場合の即時強制でもなく、また、通常の間接強制の手段としての罰則を設けてもいない。このように独得の規定の仕方がされているのは、もっぱらこの立入りが公開の場所を対象としていることに基づく。すなわち、非公開の場所は、私住所の自由が保障されているから、それを侵すには、裁判官の判断による（令状主義）か急迫の要件（即時強制）が必要である。また、行政監督上の必要があれば、罰則によって間接の強制が行われる。これに対し、公開の場所は、もはや私住所性を失って公共性を有し、不可侵の対象とならない。公衆が自由に出入りできるのと同様に、警察官も自由に出入りできるのであるから、警察官の立入権そのものを強いて定める必要はないはずである。それにもかかわらず、本項が設けられたのは、㈠警察官や公衆が自由に出入りできるのは、公開の場所と時間との範囲内であることを明らかにすることや、㈡公開性は管理者の意思で決まるため管理者は、特定の人に対してだけ立入りを拒むかもしれず、一般に公開しておきながら、警察官の出入りだけを拒否されたのでは、犯罪予防その他社会公共の秩序の維持の責務を果たすことができないため、余人はともかく、公益を代表して職務を行っている警察官に対しては、その立入り要求を拒んではならないことを義務付けて、警察官の職務の執行を保障する必要があることによるものと思われる。

本項で定めているのは、公開の場所における警察官の職務上の立入り要求を承諾すべき管理者の義務であって、警察官の強制力ではない。ただ、この義務は、罰則のない訓示規定にとどまっている。現在では、この義務履行の担保となっているのは、警察官の説得の技術と、公開の場所では管理者が警察官の出入りを拒むことはないという健全な社会常識である。しかし、この法律を犯してでも、警察官だけをどうしても拒むという者があれば、承諾の義務を訓示規定にとどめた以上いかんともしがたい。その者は、本条の義務違反を犯したことになるけれども、だからといってその場合に緊急立入りと同様実力で立ち入っていいということにはならない。法文上そのことは保障されていないし、義務違反が直ちに緊急の必要性を生むことにはならない（立入り拒否が暴行、脅迫にわたれば公務執行妨害罪となり、また、軽犯罪法第一条第二八号、第三二号等の罪が成立することはあろう。）。

(3) 立ち入った場合において行使する権限については、本項も、第一項と同様、何ら定めるところがない。通常の行政法規の立入りの場合は、関係者への質問、帳簿書類の検査、場合によっては物品の収去等を定めている。本項の場合は、これらの定めはないが、その目的及び場所から考えて、犯罪の予防又は人の生命、身体若しくは財産に対する危害の予防のためあらゆる警察活動を行い得ると解すべきである。そのための権限としては、例えば、本法による職務質問、保護、避難等の措置、犯罪の予防のための警告、制止等があり、また、その他警察法第二条の責務を達成するための任意手段としての警察活動があることは、第一項の場合と同様である。また、本項によって立ち入った結果犯人の逮捕その他刑事手続きをとることはさしつかえない。

(4) 本項による立入りは、公開の場所についてのみであって、非公開の場所、例えば、旅館の客室や料理屋の私室に立ち入ることはできない。しかし、本項によって店の中に入った後、第一項の事態の発生を知ったときは、第一項に基づいて客室や私室に入ることは可能である。

(5) 本項に関する行政実例として、㈠ 警察官は、選挙の演説会場に「犯罪予防のため」立ち入ることができるか、㈡ 興行場等に、現行犯人でない犯人が潜んでいるような場合に、犯罪予防を理由として立ち入ることができるか、が問題とされている。

㈠については、公開の演説会場であるから、本項により立入りが保障されていることは、もちろんである。この場合、犯罪発生の具体的な危険性が認められなくてもいいことは、前述のとおりであり、公開の演説会場には、他の公開の場所と同様、犯罪又は危害の発生の蓋然性は常に存するのである。㈡については、興行場の公開時間中は、本項による立入りができることは明白で、犯人が潜んでいるかいないかは、そもそも問題にならない。犯人逮捕のためなら、刑事訴訟法第二二〇条により強制立入りもできる。また、現行犯人ならば本項による立入り後において逮捕できることは、もちろんである。

15　「みだりに」とは、「故なく」、「正当な理由がなく」というのと同じで、社会通念に照らし、相当の理由があると認めることができない場合を指し、違法性を表現したものである。前二項の規定による警察官の立入りは、公共の福祉のために認められる正当な職務行為で、このため関係者の自由がある程度制限され、その営業の遂行がある程度妨げられることはやむを得ないところであるが、社会通念上容認される程度を越えて関係者の業務を妨げれば違法となる旨を特に注意的に規定したものである。みだりに業務を妨害した場合には、その限度で、正当な職務行為でなくなり、刑法、軽犯罪法等による刑事責任、民法、国家賠償法等による民事責任あるいは公務員法による行政責任を負うこととなる。

16　「関係者」とは、第二項に定める管理者又はこれに準ずる者を含むことはもちろん、それ以外の従業員その他その場所の業務に関係がある者を広く指すものと解する。

「正当な業務」とは、法令の規定に基づいて遂行されている業務はもちろんのこと、社会慣習上正当に行われている業務を含むものである。反面、法令により禁止されている業務又は社会慣習上正当なものと認められない業務は、本項の保障の対象にならない。例えば、旅館で売春行為が行われ、料理屋で賭博が行われているような場合、立入りによりその行為が妨害されることがあるのは当然である。

17　「管理者又はこれに準ずる者」とは、第二項の場合（本条注解10参照）と同じで、第三項の関係者（本条注解16参照）より狭い。すなわち、単なる従業員に理由を告げる必要はないが、同時に、単なる従業員に告げただけでは足りない。

18　「その理由を告げ」とは、立入りの理由を管理者等に知らせることである。第一項により立ち入る場合は、危険な事態が発生し、危害が切迫している旨を告げ、第二項による立入りの場合は、公開時間中の公開の場所であるから、一般的に犯罪予防又は危害予防の必要性がある旨を知らせるのである。

19　(1)　「身分を示す証票」とは、警察官であるという身分を公に証明することができる機関が発行した証票の意味である。警察手帳がこれにあたるが、警察手帳に限らず、公安委員会や警察本部長が発する他の身分証明のための文書又は記章でも差し支えない。

⑵　このように、立入りを行う場合については、理由を告げ、身分を示す証票を呈示すべきことを定めている立法例は多い。これは、相手方に本人が警察官であることを証明し、その行為が正当な職務によるものであることを確認するためのものである。

〈判　例〉

㈠　名古屋地裁　昭和三六・八・一四判決

（要旨）　一般犯罪の捜査活動も、犯罪の捜査に藉口して警備の目的による警察活動が行われるおそれがあるから、これも無制限に許さるべきではなく、緊急その他已むを得ない事由ある場合を除き、大学当局の要請の下に又はその許諾の下に行うべきを原則としなければならないけれども、大学構内はいわゆる治外法権区域ではないから、右の許諾のない警察官の大学構内への立入りをすべて違法と解し得ないこともまたこれを認めなければならないのであつて、その違法か否かは、学問研究の自由、大学の自治への侵害脅威との関連において、具体的場合に応じて吟味せらるべきものである。被告人七名の所為は、一応公務執行妨害、不法逮捕、強制の各罪の各構成要件に該当するといい得る。しかるにU、E両巡査は挙動不審者を追い、大学構内に立入つたところ、同大学内潜入のスパイを見張つていた学生等と遭遇したものに係り、およそ警察官は、その職務を執行するに当たり、第三者の権利を侵害する如き場合には、慎重な配慮を要すること勿論であつて、このことは警職法第六条において警察官がその職務行為により他人の土地その他に立入る場合に関し規定している趣旨及び刑訴法第一一六条、一一七条、一三〇条の規定の趣旨からもうかがい得る。当時の時局柄両巡査が夜間大学構内に立入つたことに関し、不審を抱き、両巡査から構内立入りの事由を明確にするため何らかの措置を講じ、もつて学問研究の自由、大学の自治を擁護しようとしたものであるから動機及び目的に関する限り正当である。両巡査が多少畏怖心を生ぜしめられ、又その身体に物理的な力を加えられたとしても、その程度の法益侵害は被告人七名を含む本件学生の前記目的に比し、已むを得ない限度を超えないものと認められ、従つて右の範囲内の行為についてはいわゆる正当な行為と認めるに足り、違法性を阻却する。しかしながら、U巡査を棒切でもつてその後頭部、肩その他を殴打するなどの暴行を加え、E巡査を縛りつけてこれを脅迫しているが、およそ警察官たると一般人たるとを問わず必要もなく棒切れ又は棍棒を用いて暴行を加えあるいは縛るというが如きことはその相手方の基本的人権を著しく無視したものに係り、いずれも暴行の最たるものに属するというべく、たとえこれが学問研究の自由、大学の自治を擁護する意図の下になされたとしても断じて正当として許されるべきではなく、この事は仮りに両巡査が大学内における情報蒐集活動の目的をもつて大学構内に立入つたとしても同断である。しかるになお、謝罪文と題する文書を作成させたことは、大学の自治を擁護しようとした心情を酌むも、その目的のため已むことを得なかつたものとは到底認め得ない。被告人はこの点において過剰行為としての責任を負わなければならない。

## (二) 東京高裁　昭和三七・一〇・一三判決

**(要旨)**　測量予定地たる農地と町道との境には、有刺鉄線を張つた垣を設けなお第一測量線入口にはバリケードを作つてその背後には落し穴を掘り、ふん尿を満たしたおけを並べ、それにわら束をつけていつでもそれを振つてふん尿を散布できるように用意し、バリケード前面には議員団を押し立てた数十名の地元民がピケを張り、なおも測量中止を叫んで測量員の農地立入りを阻止し、農地内にはあくまで測量実施を阻止しようとはち巻きをした男女地元民約二〇〇名位に、若干の労組員も混じり、わらを燃やして煙を立て、旗や笹を振つて測量中止を叫び、また農地内自動三輪車の拡声機からは、労働歌を放送して気勢を挙げる等、異常に緊迫した空気がただよつていたのみならず、A街道付近及び町道上の役場付近には一五〇〇名に及ぶ労組員が形勢を見守つて待機していた状況がうかがえるので、かかる情勢下において、わずか三〇名位の測量員が有刺鉄線を越えて農地内に立ち入り測量を実施するときは、従来再三繰り返された経験にかんがみても、測量員等の身体、財産等に対しいかなる危害が及ぶかもはかり難い状況にあつたことがうかがわれる。このような事態は、まさに人の身体又は財産に対し危害が切迫し、危害を予防し、又は被害者を救助するため、警察官の立入りも已むを得ない場合であつたというべきである。

㈢　京都地裁　昭和四七・一二・二九判決

**（要旨）**　本公演は公開であるから一般人はもとより警察官の入場は自由であるが、入場を拒否された以上は、警職法第六条第二項の要件のある時は重ねて立入要求権を行使しうるに止まり正当な理由なくして拒んだ時に於ても承諾義務を訓示規定に止めた以上は仕方なく、敢て立入ることができない。尚第四項により入場した警察官は、要求されればその理由を告げ、身分を示す証票を呈示する義務があることは勿論である。

前記公演に際し、右判示のような演説が行なわれ、ビラが配布されていても、以上のような事情を考えると、直ちにこれをもつて、劇場内において犯罪の予防又は人の生命、身体若しくは財産に対する危害の予防のために警察官立入りの必要があるとは、到底認めることができない。しかし仮に百歩譲つて立入要求権の目的が認められたとしても立入りを拒否された以上強制立入りは法文上認められないから、両名の立入りは警職法六条二項に違反する。（ただし、本判決は、大阪高裁　昭和五一・一一・七判決で破棄）

# 第八章　武器の使用

**第七条**　（武器の使用）[1]　警察官は、犯人の逮捕若しくは逃走の防止、[2]自己若しくは他人に対する防護[3]又は公務執行に対する抵抗の抑止[4]のため必要であると認める相当な理由のある場合[5]においては、その事態に応じ合理的に必要と判断される限度[6]において、武器を使[7]用する[8]ことができる。但し、刑法（明治四十年法律第四十五号）第三十六条（正当防衛）[9]若しくは同法第三十七条（緊急避難）[10]に該当する場合又は左の各号の一に該当する場合を除いては、人に危害を与えてはならない。[11]

一　死刑又は無期若しくは長期三年以上の懲役若しくは禁こにあたる兇悪な罪[12]を現に犯し、若しくは既に犯したと疑うに足りる充分な理由[13]のある者がその者に対する警察官の職務の執行[14]に対して抵抗し、若しくは逃亡しようとするとき又は第三者がその者を逃がそうとして警察官に抵抗するとき、これを防ぎ、又は逮捕するために他に手段が[15]ないと警察官において信ずるに足りる相当な理由のある場合。

二　逮捕状により逮捕する際又は勾引状若しくは勾留状を執行する[16]際その本人がその者に対する警察官の職務の執行に対して抵抗し、若しくは逃亡しようとするとき又は第三者がその者を逃がそうとして警察官に抵抗するとき、これを防ぎ、又は逮捕するために他に手段がない[15]と警察官において信ずるに足りる相当な理由のある場合。

1　「武器の使用」　(1)　本条は、警察官が武器を使用するについての要件及び限界を定めた規定である。本法の第二条から第六条までは、主として、行政上のどのような目的のために、どのような種類の手段を警察官が用いることができるかについて定めたものである。本条は、これらの規定と並んで手段の目的や種類を定めたものではなく、犯罪の捜査及び他の行政上の目的のための活動を通じて、警察官が実力行使の手段を用いる場合に、その最強の実力である武器を使用するについての要件及び限界を明らかにしたものである。

(2)　ただ、本法制定以前においては、警察官の武器使用については、法律の定めがなく、警察官吏武器使用規程という内務省訓令、すなわち、内務大臣の職務命令があるに止まっていたので、その使用の限界は、条理上の通常の限界を超える緊急性によってその適法性が判断された（したがって、結局正当防衛又は緊急避難の要件に該当する場合に限って違法性が阻却されるにとどまらざるを得なかった。）。

これに対し、本法本条が制定された結果、警察官の武器使用については、戦前と異なり、明文による法令の根拠によってその態様と限界とが示されることとなった。この法律の明文による要件及び限界の範囲内であれば、その武器使用は、たとえ相手方に危害を与えても刑法上の「法令又は正当な業務による行為」として違法性がないのに対し、本条の要件がなく、又はその定めた限界を超える場合は、違法性を帯びることが法律上明確となったのである。

なお、本法による要件又は限界の規定についても他の場合と同様、ある程度多義的にならざるを得ないから、具体的な事態に当たって、実際に武器を使用し、相手に危害を与える態様については、比例の原則が適用される。法文に「その事態に応じ合理的に必要と判断される限界において」とあるのはその意味である。すなわち、武器使用に当たっての警察官の判断の裁量は、自由裁量でなく法規裁量であって、たとえ形式的には本法の要件に当たる場合であっても、実質的に比例の原則を超えた武器使用は違法となるものであることに留意すべきである。

(3)　武器は、警察官が用い得る実力手段の中でも最強のものである。警察官が実力手段を行使するについては法令の明文の根拠がなければならないことは前にも述べたとおりである（本法注解総論《一》の3参照）。したがって、警察官が武器を使用できるのは、警察官の職務執行について実力手段が法令によって認められており、しかも、本条の要件に該当する場合に限られる。警察官の実力行使が認められる手段は、行政手段としては、例えば、本法で定める強制保護、避難等の措置、犯罪の制止、緊急立入り等が典型的なものであり、刑事上の手段としては刑事訴訟法による犯人の逮捕、捜索、差押等がある。

これらの実力手段は、いずれも本条にいう「公務執行」に当たるものであるから、その執行に対する抵抗の抑止のため必要であれば、法文上は、武器を使用することが可能である。しかし、本条ただし書で、危害要件を厳格に定めているから、武器を本来の用法どおりに使用できるのは、その職務の執行が正当防衛又は緊急避難の要件に該当する場合のほかは兇悪犯人の犯行の制止、逮捕、逮捕状等の執行等の場合に限られている。

警察官が前述のような各種の法令に従って実力を行使する場合にも、その実力の行使については、比例の原則が適用され、不必要に強度の実力を行使することはできないが、事態に応じ必要な限度の実力であって、武器を用いたものでない限りその実力行使によって相手に多少の危害を与えることがあっても（例えば、犯罪の制止に当たり警棒を使用し、そのため相手にさっか傷を与えたり、素手で逮捕に当たり、犯人と格闘となって取り押さえ、その際犯人が骨折したりしたような場合）、それは刑法第三五条にいう

「法令又は正当な業務」の執行であって、その結果である危害について刑事上の責任を問われることはない（また民事上の不法行為にもならない。）。しかし、武器を本来の用法に従って用いる場合は、相手を殺傷するという重大な結果をひき起こす蓋然性が極めて高いから、実力の行使が認められる場合であっても、武器を使用するについては、実力行使の根拠のほかに必ず本条の要件が必要であり、本条に定める要件に合致していれば違法性はないが、そうでなければ、たとえ犯人の逮捕その他法令の根拠による職務執行の場合でも違法の責任を免れない。

なお、警察官の実力行使について、直接に法の明文の根拠がない場合でも、その職務執行が正当防衛又は緊急避難の要件に該当する場合は、武器使用の結果について刑法上の刑事責任又は民法上の民事責任を免れる。本法は刑法上の責任についてそのことを明言しているが、民事上の責任についても同様である。

(4)　警察官の武器の所持及び使用については、戦前には、「警察官吏武器使用規程」（大正一四年内務省訓令第九号）が根拠となっていた。終戦後は、昭和二一年一月一六日付け連合国軍最高司令官の覚書「日本警察の武装」に基づく内務省警保局長の通達「警察官の拳銃携帯使用に関する件」によって暫定的に右の警察官吏武器使用規程によることとなっていたが、武器の使用は国民の権利に関係することが多く、その要件は法律で定める必要があると考えられたので、昭和二三年に本法本条が制定されたのである。ただ、所持については、旧警察法には規定を欠いていて、その根拠が不明確であったが、昭和二九年現行警察法制定の際、その第六七条に「警察官は、その職務の遂行のため小型武器を所持することができる」と定められ、立法的に解決された。なお、警察官のけん銃使用に関する内部規範として、「警察官等けん銃使用および取扱い規範」（昭和三七年国家公安委員会規則第七号。以下本章において「取扱い規範」という。）がある。

(5) 警察官以外の者で武器の所持及び使用が認められているもの並びにその根拠規定は、次のとおりである。

ア　皇宮護衛官（警察法。所持について第六九条第四項。使用について第六九条第五項。本法第七条を準用している。）

イ　自衛隊の自衛官（自衛隊法。保有について第八七条、使用について第八八条ないし第九六条。主として、本法第七条を準用している。）

ウ　海上保安官、海上保安官補（海上保安庁法。携帯について第一九条、使用について第二〇条。本法第七条を準用している。）

エ　麻薬取締官、麻薬取締員（麻薬取締法。携帯について第五四条第七項、使用について同条第八項。本法第七条を準用している。）

オ　刑務官（刑事収容施設及び被収容者等の処遇に関する法律第八〇条第一項により「刑務官は、法務省令で定める場合に限り、小型武器を携帯することができる。」と小型武器の携帯が認められており、同条第二項から第四項までが、「2　刑務官は、被収容者が次の各号のいずれかに該当する場合には、その事態に応じ合理的に必要と判断される限度で、武器を使用することができる。一　暴動を起こし、又はまさに起こそうとするとき。《以下略》」等と、武器の使用の要件を定めている。）

カ　税関職員（関税法第一〇四条《武器の携帯及び使用》「税関職員は、この法律の規定に基いて貨物の輸出若しくは輸入についての取締又は犯則事件についての調査を行うに当り、特に必要があるときは、当分の間、小型の武器を携帯することができる。2　税関職員は、前項の取締又は調査を行うに当り、特に自己若しくは他人の生命若しくは身体の保護又は公務の執行に対する抵抗の抑止のため、やむを得ない必要があると認める相当の事由がある場合においては、その事態に応じ合理的に必要と判断される限度において、同項の武器を使用することができる。」。）

キ　入国審査官、入国警備官（出入国管理及び難民認定法第六一条の四《武器の携帯及び使用》「入国審査官及び入国警備官は、その職務を行うに当り、武器を携帯することができる。2　入国審査官及び入国警備官は、その職務の執行に関し、その事態に応じ、合理的に必要と判断される限度において、武器を使用することができる。但し、左の各号の一に該当する場合を除く外、人に危害を加えてはならない。一　刑法第三十六条又は第三十七条に該当するとき。二　収容令書又は退去強制令書の執行を受ける者がその者に対する入国審査官若しくは入国警備官の職務の執行に対して抵抗しようとする場合又は第三者がその者を逃がそうとして入国審査官若しくは入国警備官に抵抗する場合において、これを防止するために他に手段がないと入国審査官又は入国警備官において信ずるに足りる相当の理由があるとき。」)。

以上を通じて見ると、法令の執行に当たる職員のうち、職務を執行するに当たって危険が予想されるものについては、武器の携帯、所持が認められ、その使用の要件が法律で定められている。

そのうち、皇宮護衛官、自衛官、海上保安官、麻薬取締官の武器使用の要件は、警察官の場合とおおむね同様であるが、税関職員、入国審査官、入国警備官については、警察官の場合と使用要件に多少差異がある。それぞれの職務執行の特殊性に応じて、武器使用について独自の要件を定めたものと思われるが、これらの規定と比べると、本条の規定は詳細かつ具体的である。警察官の場合は、これらの職員に比べて、職務執行に際して実際に武器を使用することが多いことが予想されるので、その使用要件をより具体的に示す必要があると考えられたからであろう。

2 (1) 「犯人」とは、ここでは、捜査機関によって犯罪の疑いがあるとされている者(被疑者刑事事件に関し公訴を提起された者(刑事被告人)及び有罪判決の確定した既決者をいう。逮捕、勾引、勾留及び収容の対象となる者である。その者が果たして真に犯罪を犯した者であるかどうかは問わない。

(2) 「逮捕」とは、普通には、刑事訴訟法上の逮捕、すなわち、通常逮捕(第一九九条)、緊急逮捕(第二一〇条)及び現行犯人逮捕(第二一三条)をいうが、本条では、後段第二号との関連からみて、これらの手続きによる被疑者の逮捕のほか、被告人に対する勾引状又は勾留状の執行(第七〇条)及び刑の言渡しを受けた者に対する収容状の執行（第四八九条）を含む趣旨と解される。

⑶　「逃走」とは、警察官により身体の自由を拘束され又は拘束されようとする者が、警察官の実力による支配から離脱し又は離脱しようとすることをいう。いったん逮捕した者又は勾引状等を執行した者を逃がさないように拘束の状態に置くことは、逮捕又は執行そのことにほかならないし、一時逃げ出してその拘束の状態を離脱した犯人を再び警察官の実力支配下に置くことも逮捕又は勾引状等の執行である。また警察官が逮捕しようとした際に、それを免れようとして逃げる者を追跡することも逮捕のためといえる。したがって、ここにいう「逃走の防止」は、実質的には大部分「逮捕」の中に含まれるものであるが、分かりやすく繰り返して表現したものであろう。

3　「自己若しくは他人に対する防護」とは、警察法第二条にいう「個人の生命、身体及び財産の保護」の責務の遂行にほかならないが、その職務を執行することすべてをいうのではない。

警察官が、自己又は他人に対する防護のため実力を行使できる場合は、正当防衛又は緊急避難に当たる場合以外には、例えば、本法でいえば、第三条第一項第一号の強制保護、第四条の避難の措置、第五条の制止、第六条第一項の緊急立入り等がある。これらの場合でも犯罪の制止の場合のほかは、けん銃を使用するということはほとんど考えられないが、場合によっては催涙ガスを用いたりする必要がある場合がある（警察が現有している程度の催涙ガスは、後述7⑵に述べるように本条にいう武器には当たらないものと解されるが、現在、警察では、催涙ガスを本条本文と同じ要件のもとに使用することとしている。

催涙ガスに関する以下の説明については、この点に留意されたい。)。なお、ここでいう「自己」は、警察官個人のことをいうが、この場合は、職務を執行している警察官個人を指していることはいうまでもない。警察官がまったくの私人として自宅で休んでいたり、旅行中であったりする場合に、事実上武器を使用して人を殺傷することはあっても、その場合は、本条とは関係なく、一般私人と同様、正当防衛又は緊急避難に当たるかどうかで違法かどうかが判断される。

**4** (1) 「公務執行」とは、警察官の適法な職務の執行という意味である。警察法第二条に定める警察の責務を遂行する行為は、一般に公務の執行であり、刑法第九五条の「職務の執行」は、このような公務の執行をいい、任意的な行為であるか、強制的な行為であるかを問わないのであるが、ここでいう「公務執行」は、右のような一般的な公務の執行のうち、実力行使が認められ、強制的な態様で行われるものに限られる。その理由は、前に述べたとおりである。「犯人の逮捕若しくは逃走の防止」、「自己若しくは他人に対する防護」も、警察官の職務執行の典型的なもので、「公務執行」であることはもちろんであるが、武器使用を要する場合が多いことを予想して特に一般の公務執行と区別して定めたものであり、その場合は、武器使用について「抵抗の抑止」という限定がされない点に意義がある。すなわち、犯人の逮捕若しくは逃走の防止又は自己若しくは他人を防護するための職務の執行に際しては、それに対し抵抗があり、それを抑止する場合はもちろんであるが、そのような抵抗がなくても、逮捕、制止等の執行を確実にするため、武器を使用することが許される。危害要件に当たってない場合でも、けん銃を擬したり、威かく射撃したりすることは許される。しかし、それ以外の公務執行については、次の「抵抗の抑止」のためである場合に限られ、抵抗がないのに職務執行を確実にするためというだけでは武器を使用することができない点に差異があることとなる。

(2)　「抵抗」とは、ここでは、警察官の適法な公務執行を積極的に又は消極的に妨害又は拒否して、その執行の目的達成を不可能又は困難にさせることをいう。積極的な行動で抵抗が行われる場合は、武器使用の必要性が多いであろう。これに比べて、消極的行動の場合は、比例の原則上、武器使用の場合は限定されるが、許されないわけではない。例えば、一定の場所に座り込んで動こうとしない者（これは消極的抵抗である。）に対して催涙ガス（後述7(2)参照）を用いるのが有効な場合がある。また、事態によっては、けん銃を用いることも許される。

(3)　「抑止」とは、積極的に又は消極的に抵抗している行為を、警察官が、実力（本条では武器）を用い、制止、排除、解散、移動等の行為によって制圧することをいう。

(4)　「公務執行に対する抵抗の抑止のため」という場合の公務執行は、警察官の実力行使を認めた強制手段の執行の場合に限ると解すべきことは前述のとおりであるが、警察官が任意手段を適法に行使している場合あるいは国民に対して手段を行使するのでなく、事務所内で事務をとっている場合に、他の者が警察官に対し積極的な暴力又は脅迫を行い、もってその警察官の公務執行を妨害する場合がある。

このような場合には、その警察官は武器を使用することができるが、それは、その妨害行為が刑法第九五条の公務執行妨害罪を構成するから、その現行犯人の逮捕として、又は事態によっては、正当防衛又は緊急避難に当たるものとして武器使用が許されるのであって、本号の「抵抗の抑止」として許されるわけではない（なお、この場合、警察官の行為が任意手段の限界を越えて実力の行使に及んでおれば、それはもはや適法な公務執行でなく、違法なものとならざるを得ないから、それに対する相手の抵抗は公務執行妨害罪とならず、むしろ正当防衛となるのであって、その場合に警察官が武器を使用していれば、その使用も違法なものとなる。）。

5　「必要であると認める相当な理由のある場合」とは、犯人逮捕等の現場の事態に当面した警察官が武器使用の必要性を判断するのであるが、その警察官の勝手な主観的な認定でなく、社会通念からみてもその必要性が認められるような客観性のあるものでなければなければならないという趣旨で、本法の他の条項の場合と同様である。

なお、集団的犯罪に対し部隊行動によってその鎮圧に当たっているような場合には、この必要性の有無は、原則として、指揮官の判断によるのが適当である（取扱い規範第九条参照）。

6　「その事態に応じ合理的に必要と判断される限度」とは、武器使用について比例の原則に従うべきことを更に明確に定めたものである。前述（本条注解1の⑵）のように、本条の規定は、相当具体的にその使用要件、危害要件を定めているのであるが、個々具体的な事態のすべてに通じて定めることは、もちろん不可能である。そこで、警察官が個々の事態に当面した場合には、本条の定める範囲内において、更にその事態における警察目的達成に比例する限度で、しかも、その限度は社会通念に従って合理的と判断されるところに従って、武器を使用すべきことを抽象的に定めたものである。個々具体的な事態においては、この趣旨に適応した最も適切な判断を下すことが要求される。その判断の要素となるのは、犯罪の種類、態様、犯人の態度及び行動、第三者の応援の有無、時間、場所、危害の急迫性の度合い、被害法益の軽重、抵抗の強弱、相手及び警察官の数、使用する武器の種類、使用の態様等が主であろうが、要するに、相手側、警察官側及び周囲の状況等あらゆる事情が総合されなければならない。形式的には本条の要件にすべて合致する場合でも、なるべくけん銃使用をさけて、本条本文と同じ要件の下に使用することとされている危害の少ない催涙ガス等を使用すべきであり、その程度の強さのもので目的が達成できる事態であれば、けん銃使用に及ぶことは比例の原則上適当でない。

また、けん銃使用が許される場合であっても、ただちに相手を殺傷するような発射の仕方をするのは適当でなく、なるべくは、危害を与えないような発射の仕方、すなわち威かく射撃によって目的を達する方が望ましく、さらには、発射をしない使用すなわちけん銃を擬することによって相手を制圧するのがより望ましいこととなる。

7　(1)　「武器」とは、人を殺傷する性能を有する器具で、主として人を殺傷する用途に供する目的を持って製作されたものをいう。人を殺傷する性能を有する器具を凶器というが、武器は、そのうち、人の殺傷の用途のために製作されたものである。人畜を殺傷する用途のためのものは戎《じゅう》器という。武器を軍隊の用に供した場合には、兵器という。通常の武器としては、けん銃、小銃、刀、剣、やり等があるが、本条では、警察官の武器使用の要件を定めたものであるから、ここでは、主として、警察法第六七条により警察官が所持を認められている小型武器（けん銃等）をいう。ただし、警察官が通常所持していないライフル銃、刀、剣等も、本来武器であり、本条に定める要件に該当する事態に際し、これらの武器がたまたまその場所にあれば、警察官はそれを使用することができ、その場合も本条による武器の使用である（なお、武器等製造法第二条では、「武器」とは、一　銃砲、二　銃砲弾、三　爆発物、四　爆発物を投下し、又は発射する機械器具であって、政令で定めるもの、五　前各号に掲げる物に類する機械器具であって、政令で定めるもの、六　もっぱら前各号に掲げる物に使用される部品であって、政令で定めるものをいうとされている。）。

(2)　催涙ガスは武器に該当するであろうか。人の粘膜及び涙せんを異常に刺激し、激しい催涙をおこし、相当程度の時間中人の視力を失わせ、場合によっては結膜炎を生ぜしめるような、人の生理的機能に相当の障害を与えるような効力を持つものは、一般的には武器であると解すべきであろう。例えば、軍事目的で使用するような催涙ガスは武器である。しかしながら、極く一時的に視力の活動に若干の障害を与える程度の効力の弱いものであって、あとに機能障害を残さないようなものであれば本条にいう武器とはいえず、むしろ、実力行使のための一手段に過ぎないであろう。警察が現在、警備実施に際し使用している催涙ガスは、人を催涙させ、その行動力を短時間抑制する効果を有するにとどまり、後に障害を残さないものであって、過去の使用例からみても本条にいう武器には該当しないものと考えられる（警察の見解として、このことは昭和四三年の衆院地行委において、当時の川島警察庁警備局長が答弁している。）。また、警察が現有している催涙ガスについては、武器でないと判示したと解される判決がいくつかある（後掲判例㈠、㈢参照）。したがって、理論的には、警察が現在使用している程度の催涙ガスは、第七条本文の要件を充足する場合はもとより、第四条の警察官が自己又は他人に対する防護のため実力を行使できる場合にも使用することができるものと解される。しかしながら、たとえ軽度であるとはいえ、人の生理的機能に障害を与えることによって警察職務を遂行しようとするものであり、また、ガスの拡散性からみて第三者に対して影響を及ぼすことも予想されるので、現在、警察では慎重を期して本法第七条本文の要件と同じ要件のもとに使用することとしている。

⑶　警棒、警杖《じょう》、放水ポンプ等は、人を殺傷する用途のものではないから、武器ではない。しかし、場合によっては、これらを人を殺傷する用途のために用いざるをえない場合もある。その場合には、一時的にこれらのものが武器に準ずるものとなり、その使用は、比例の原則から見て本条の要件に従わなければならないものとなる（なお、着色剤を添加した放水は、人を殺傷するのではないから、武器

となるわけではない。）。さらに、これらの用具がない場合には、手近にあるこん棒、ナイフ、包丁、鉄片、鉄棒等を使用して人を殺傷せざるを得ない場合もある。この場合も、一時的にこれらのものが武器に準ずるものとして使用されるわけであって、本条の要件に従えば適法なものである（警棒及び警杖《じょう》は、本来、自己防護あるいは警告、指示、制止等のための用具として製作されたものであって、人を殺傷するためのものではない。その用法に従い、本来の用途のために、実力手段の用具として用いるには、本条の要件は必要でない。実力行使の要件の範囲内である限り、結果的に人に多少の傷害、例えば、さっか傷を与えたとしても、それは刑法第三五条にいう法令による行為に基づくものであって、違法性はない。しかし、相手の顔面を突いたり、頭部を激しく殴打したりするのは、相手を殺傷する可能性がある場合であるから、そのような使用方法は、武器の使用に準ずるもので、本条に定める武器使用の要件によらなければならない。警察官等警棒等使用及び取扱い規範（平成一三年国家公安委員会規則第一四号。以下本章において「警棒規範」という。）第四条第二項参照。）。

8 (1) 武器を「使用する」とは、武器を本来の用途に用いる、すなわち、その武器の本来の性能を発揮させるために、定まった用法と目的とに従ってこれを使うという意味である。そして、武器とは、前述のように、人を殺傷する性能を有し、主として人を殺傷する用途に供する目的をもって製作された器具であるから、これを「使用する」とは、主として、人を殺傷するために使うこととなる。「主として」といったのは、人を殺傷することのほかに、殺傷と同じ程度の効果を挙げるような用法も含まれるからである。例えば、馬に乗っている人に対してその馬を撃ち、車に乗っている人に対して車のタイヤを撃ったり、あるいは、威かくのため上空に向けて撃ったり、けん銃を相手の前に構えて相手を畏怖させて、これを制圧したりするのも、けん銃本来の用法の中に含まれると解すべきである。しかし、けん銃をサックからとり出すのは、使用の準備行為であって、本条にいう「使用」ではない。訓練のために射撃場で的に対して発射するのも、本条にいう「使用」ではない。本条本文と同じ要件の下に使用することとされている催涙ガスでいえば、人の視力の活動を奪い、その行動を制止するために発射したり、散布したりするのは、「使用」であるが、実験用に発射するのは、ここにいう「使用」ではない。刀、剣、やりなどは、それをもって人に向かって切りつけ、又は構えるのが「使用」であって、紙を切ったり、曲芸に使ったりするのは、ここにいう「使用」ではない。本来の武器でない警棒、警杖、放水車等を本来の用法に従って用いるのは武器の使用でないことはもちろんであるが、その本来の用法でなく、人を殺傷する道具として用いれば、一時的に武器の使用に準ずることとなることは前述のとおりである。すなわち、これらの用具を持って故意に相手の顔面をねらったりする場合である。

(2)　武器は人を殺傷する性能のものであるから、それを使用すれば、人に危害が及ぶのが普通である。ただ、本条は、本文の使用要件のほかに、ただし書で人に危害を与えることが許される要件を定めているので、人に危害を与えないような使用を予定していることとなる。人に危害を与えないように武器を用いることは、武器としては例外的な使用の仕方である。しかし、それで目的を達することができる事態であれば、その程度の使用にとどめることが妥当であることはいうまでもない。危害を与えないような武器の使用のしかたとしては、㈠ けん銃を人に向かって構えること ㈡ けん銃を相手以外の方向に向かって威かく射撃すること（車のタイヤを撃つのも威かくの一種であろう。）㈢ 刀、剣、あいくち等の武器を構えること等が考えられる。

9 「正当防衛」 ⑴ 刑法第三六条第一項は、「急迫不正の侵害に対して、自己又は他人の権利を防衛するため、やむを得ずにした行為は、罰しない」と定めている。これがいわゆる正当防衛の規定である。元来、法治国家においては、個人の法益に対する侵害を守るために、その個人の力で直接に相手の権利を侵害することは、原則として許されない。個人の法益も、本来は、国や公共の機関によって保護される。しかし、それが間に合わないほど急迫で違法な侵害があるときは、例外的に個人の実力によって自己の法益を防衛するため相手の権利を侵害することが認められる。これが正当防衛である。次に、国や公共の機関が、公共や個人の法益を守るために、法令の定めるところに従って、他人の法益を侵そうとしている者の権利を侵害しても、それは刑法第三五条の「法令又は正当な業務による行為」として違法でない。警察官が本法や刑事訴訟法その他の法令に従って職務を執行する場合には、法令の定める要件や限界内であるかぎり、他人の権利を侵したり、相手に危害を加えることが許されることは前にも度々述べたとおりである。そして、本条は、警察官が犯人の逮捕、自己又は他人の防護、公務執行に対する抵抗の抑止という職務を執行する場合の武器使用の要件を定めたのであり、ただし書は、武器の使用によって危害を与える場合の要件を定めたものである。したがって、このただし書の要件の一つとして定められた正当防衛は、警察官の「法令による行為」の内容となる要件の一つを定めたものと解される。すなわち、警察官が職務執行として武器を使用した場合に、それが刑法の正当防衛の規定の定める事態及び要件と同じ事態、同じ要件に従って使用したのであれば、それは法令による要件に合致したものとして、相手の危害の結果について責任はないことを明らかにしたものである（逆にいえば、この要件に合致しない状態で武器を使用して人に危害を与えれば、法令による行為とみなされないで、刑法第三五条の適用がなく、その職務執行について刑事上の責任を負うこととなる。）。以上から、刑法第三六条の「自己又は他人」の「自己」とは、本条の場合では、職務執行中の警察官たる「自己」の意味であって、職務執行に関連しない一個人たる警察官をいうものではない。例えば、休暇中の警察官が自宅又は休暇先で暴漢に襲われ、自己を守るためにけん銃を使ってその暴漢に傷害を与えた場合は、もっぱら刑法の定めるところによってのみ正当防衛の成否が判断されるのであって、本条とは関係がない。また、他人の権利を防衛するについても、それが職務執行と関連がない場合は、同様に、本条ではなく、刑法によって判断される。

⑵　「自己又は他人の権利を防衛」するという、「他人の権利」の中には、個人の法益に限らず、社会公共の法益も含まれると解するのが通説であり、判例もそう解している（最高判昭和二四・八・一

八)。したがって、例えば、法令に違反して道路や官公庁に座り込んでいる場合、これを排除するため「やむを得ずにした行為」に出たのであれば、正当防衛が成立する場合が理論上考えられる。ただ、この「やむを得ずに」という要件には、他に救済する手段がないこと、必要最小限度であること、侵害によって失われようとする法益と反撃によって害しようとする法益との均衡がとれていることなどの内容が含まれているので、他に実力行使の手段が認められている警察官の武器使用がこれに該当することは少ないであろうが、事態によっては該当する場合があろう。けん銃の発射はその結果が重いため法益の均衡がとれない場合が多いであろうが、例えば、本条本文と同じ要件の下に使用することとされている催涙ガスの使用は、侵害の程度が軽いことからみて、法益の均衡がとれる場合があり得るように思われる。

〈判　例〉

最高裁　昭和二四・八・一八判決

〈要旨〉　本件の主張は、個人的法益の防衛行為ではなく、国民の安全利福の防衛に関するものである（本件は、昭和二二・二・一全官公共同闘争委員会がいわゆる二・一ゼネスト突入宣言を発表した際、罷業中止を勧告におもむいた被告人が、産別議長□□□に対し庖丁で傷害を加えた事件である。）。かかる公益ないし国家的法益の防衛が正当防衛として認められ得るか否かについては、これを否定する学説見解もないではないが、公共の福祉を最高の指導原理とする新憲法の理念からいつても、公共の福祉をも含めてすべての法益は防衛せらるべきであるとする刑法の理念からいつても、国家的、国民的、公共的法益についても正当防衛の許さるべき場合が存することを認むべきである。だが、しかし、本来、国家的、公共的法益を保全防衛することは、国家又は公共団体の公共機関の本来の任務に属する事柄であつて、これをた易く自由に私人又は私的団体の行動に委すことは却つて秩序を乱し、事態を悪化させる危険を伴う虞がある。それ故かかる公益のための正当防衛等は、国家公共の機関の有効な公的活動を期待し得ない極めて緊迫した場合においてのみ例外的に許容さるべきものと解するのを相当とする。

10　「緊急避難」　(1)　刑法第三七条は、「自己又は他人の生命、身体、自由又は財産に対する現在の危難を避けるため、やむを得ずにした行為は、これによって生じた害が避けようとした害の程度を超えなかった場合に限り、罰しない。ただし、その程度を超えた行為は、情状により、その刑を減軽し、又は免除することができる」と定めている。これがいわゆる緊急避難の規定である。正当防衛と主な差異の第一は、保護法益が列挙されている点である。第二の差異は、法益権衡の原則が明文化されているため、正当防衛の場合よりも厳格に解される点である。第三の差異は、正当防衛が「不正の侵害」に対する行為であるのに対し、緊急避難は、「危難」に対する行為であって、その危難の正不正を問わず、また、人間の行為であることを要しない点である（例えば、犬が子供に襲いかかろうとしている時に、警察官がその犬を射殺するのは緊急避難の行為である。もっとも、本条ただし書は「人」に対する危害の要件を定めたものであるから犬の射殺は、本条本文の要件で足りる。）。防衛行為は、不正行為者に対する反撃であるのに反して、避難行為は、むしろ何の科《とが》もない者に対する加害であるのが通例である。防衛行為は正当な行為であることは明白であるが、避難行為そのものは正か不正かについては争いがある。避難行為は違法性がないとするのが通説であるが、違法ではあるが責任がないものと解する学説もある。いずれにしても、この条項に規定された要件に該当する行為であれば、その結果人を殺傷する等人の権利を侵害することがあっても、刑事責任はない。刑法第三五条と同法第三七条及び本条との関係については、9の⑴で正当防衛について述べたところと同様である。

⑵　正当防衛又は緊急避難は、財産あるいは社会公共の利益に関しても認められる。しかしながら、けん銃による危害と保護法益との均衡を考慮すると、個人の生命、身体に関係のない社会公共の法益又は人の自由、財産に関する正当防衛又は緊急避難としての相手に向かってのけん銃発射（けん銃発射に代わる警棒等の使用についても同じ。）は、一般的には許されないものと解される。

⑶　刑法第三七条第二項は、「前項の規定は、業務上特別の義務がある者には、適用しない」と定めている。正当防衛にはこのような規定はない。したがって、例えば、警察官が盗賊に殺されそうになったときにその盗賊を殺しても、正当防衛として許されるのに対し、自己の安全を図るため第三者を犠牲にすること（自分が撃たれそうになった場合に他人の後によけてその他人を盾とし、その結果、その他人が撃たれる場合等）は許されない。しかし、この第二項は、業務上特別の義務ある者は、一般の私人

と異なり、自己の安全を図ることよりも義務の遂行が優先することを定めたものであるから、自己に対する危難でなくて、他人に対する危難を避けるためにでた行為には適用がない。例えば、群集が橋から落ちるのを避けるため、警棒で群集を強く押し返し、そのため群集の中に多少のけが人が出ることがあったり、水害による他人の財産を守るため、第三者の畑を荒らすことなどは許される。また、財産よりも生命の方が重いことは自明であるから、自己の生命を守るために他人の財産を侵害するのは緊急避難となりうる。

11　⑴　「人に危害を与え」るというのは、人の生命を奪い、またはその身体に傷害を与えることである。「危険」を及ぼすにとどまるものは、「危害」を与えたことにならない。例えば、威かく射撃は、人に危険を及ぼすかもしれないが、危害を与えるわけではない。また、「人」に対する危害であるから、物に対する損害は含まない趣旨と思われる。したがって、車のタイヤを撃ったり、クマや狂犬を撃ち殺したりするのは、本文の使用要件で足り、ただし書の危害要件は必要でない。人の帽子や着衣を汚損したり、破いたりするのも、「人に危害」を与えるものではない。

⑵　本条は、武器使用の要件としての「危害」を定めたものである。すなわち、人を殺傷する性能を有する器具で、主として人を殺傷する用途に供する場合の要件としての「危害」である。したがって、ここに「人に危害を与える」というのも、右のような用具を右のような用途に用いる場合のことを定めているものと解さなければならない。例えば、けん銃は、警察官の使用する武器の最も代表的

なもので、それを使用すれば、人を殺傷する危険をはらんでいるものであるから、それを人に向かって撃つのには必ず本条の危害要件を備えていなければならないことはもちろんである。撃った結果が、たとえさっか傷を与えたにすぎない場合でも、それはここにいう「危害」である。これに対し、警棒は、警察官の防護及び通常の職務執行に用いる用具であって、本来の武器ではない。警棒を用いて犯罪の制止や犯人の逮捕を行うのは、制止権、逮捕権の一態様であって、その使用方法が合理的な範囲（この範囲は、強制権限を認めた条項の趣旨、目的、要件、比例原則等によって判断される。）内のものである限り、その結果相手に多少の傷害を与えたとしてもここにいう「危害」を与えたということにはならない。もっとも、正当防衛のような場合には、やむを得ず相手を殺傷する意図で、けん銃の代りに警棒を用いることが許されるが、その場合は、警棒が武器に準ずるものとして使用されたものであり、その結果による相手の受けた傷害は、ここにいう「危害」に該当する。

⑶　「人に危害を与えてはならない」とあるが、危害が発生したかどうかは武器使用の結果である。本条は、武器を使用するについての要件を定めたものであって、刑法や民法のように相手方の傷害や損失についての責任を定めたものではないから、「人に危害を与えてはならない」というのは、このただし書の除外事項以外の場合には、人に危害を加えることが予測できるような方法で武器を使用してはならない旨を定めたものと解される。すなわち、けん銃の使用方法でいえば、相手方の方向に向かって発射してはならない、という意味に解すべきである。相手を撃つつもりで発射しても、少

し距離が離れていれば、射撃の技術が相当熟達していない限り、なかなかうまく当たるものではない。弾丸が誰にも当たらなければ人に対する危害は発生しない。しかし、そのような場合でも、相手を撃つつもりである以上、本条ただし書の要件に従った発射であることが必要で、そうでなければ、結果として相手に危害が発生していなくても、そのけん銃発射は本条に違反し、それに対する責任を負わなければならない。人を殺傷した責任はなくても、本条に違反する使用についての行政上の責任（部内の規律違反）は免れない。反面、本条ただし書の要件に合致した発射方法であれば、たとえ相手が死傷してもそれについて責任がないことは前に述べたとおりである。

また、本条本文の使用要件に従った発射方法であって、業務上の注意力をもってしても、人に危害を与えることが到底予測できないような方法により発射した場合には、仮に結果として人に危害を与えることがあってもそれについての責任はないものと考えられる。例えば、相手を威かくするため上空に向かって発射することは、本文の要件さえあれば適法な使用方法である。上空に向かって撃てば（高いビルがならんでいるような町中は別として）、何人に対しても危害を与えることはないはずであるが、たまたま、その弾丸が高い木の枝に触れて急に角度を変じ、そのため相当離れた所にある民家に跳び込んでその家の人に傷を負わせたとしても、そのような結果を予見することは、業務上の注意能力を超えたものであるから、その結果たる傷害の発生については責任はないと解される。本条ただし書の「危害を与えてはならない」とあるのを結果たる危害についての責任を定めたものと解すれば、このような場合にも本条に違反することとなるが、これは不合理で、前述のように、この規定は、武器の使用方法についての要件を定めたものと解すべきである（そのけん銃発射について、本条本文の要件を満たしており、かつ、業務上の注意義務を尽くしておれば、その使用方法は法令上の行為として違法性がなく、しかも、その結果たる傷害については故意はもちろん過失もないから、責任がないこととなる。）（なお、取扱い規範第八条に、「相手に向けてけん銃を撃つことができる」と定めてあるのは、右のような意味を明らかにしたものである。）。

12　「兇悪な罪」とあるのは、「死刑又は無期若しくは長期三年以上の懲役若しくは禁こにあたる」罪（これは、刑訴法第二一〇条により緊急逮捕をなしうる罪種である。）で、兇悪なものという趣旨である（政府原案にはこの言葉はなかったが、国会において修正された）。「兇悪な罪」とは、法律用語としてはやや不明確で、解釈に困難を感ずるが、本条の趣旨からみて、内乱、騒じょう等民心に著しい不安を生ぜしめる罪、殺人、傷害等人の生命又は身体を直接に侵害する罪、その他強盗、強姦、放火、夜間侵入窃盗、集団暴行等人の生命又は身体を侵害するおそれがあって、著しく人を畏怖させるような方法によって行われる態様の犯罪をいうものと考えられる。まず、「兇悪」という言葉の意味であるが、言葉としては、兇漢、兇器等に用いられる「兇」の場合と同様、人を畏怖させるようなはなはだ悪いことという意味である。次に、本条の兇悪の罪が武器使用の危害要件の一つとして定められているということからみると、この場合の兇悪な罪は、逮捕等のため武器を使用する場合にその犯人に危害を与えてもそれが社会通念上是認されるような罪でなければならない。この二つの角度から考えると、前に掲げるような類型の犯罪が本条にいう「兇悪な罪」といえるもののようである。窃盗、公務執行妨害、住居侵入等の罪は、そのすべてが「兇悪な」ものということはできない。その中で、人の生命、身体等に対し危害を与える可能性があり、そのため著しく人を畏怖させる方法によって行われるものが兇悪といえる。例えば、窃盗でも、スリや万引は、通常「兇悪な」ものとはいわないが、持凶器窃盗や夜間の忍び込み盗は、著しく人を畏怖させるものである。公務執行妨害の中でも、単なる脅迫によるものは、「兇悪」とはいえないが、多数の威力によって行われるものは、相手を畏怖させるもので、兇悪といえるように思われる（取扱い規範第二条第二項参照）。

13　「充分な理由」とあるのは、刑事訴訟法第二一〇条の緊急逮捕の要件に用いられているのと同じである。通常逮捕の場合は、罪を犯したと疑うに足りる「相当な理由」があればよいのであるが、「充分な理由」というのは、これよりもっと程度の高い疑いがあることを要する意味である。しかし、公訴を提起することのできる程度であることを要するわけではない。だれもが犯人と疑うだけの「充分」さがあればよいのである。

14　「職務の執行」　兇悪な犯人を逮捕するという職務である場合が大部分であると思われるが、兇悪犯人の犯行を制止するという場合も考えられる。

15　「他に手段がない」とは、武器を使用するのでなければ、犯人や第三者の抵抗を防ぎ又は犯人を逮捕することができず、犯人を逃がしてしまうことが明白な場合である。警察官がそう判断するのであるが、社会通念による客観性が必要である。武器使用以外に他に適当な手段があれば、例えば、警棒の使用によって目的を達し得るならば、その手段を用いるべきである。また、同じ武器使用でも、けん銃を相手に向かって発射して殺傷するのは、他の武器使用の手段、例えば、けん銃を構えることや威かく射撃では及ばない場合に限られるべきである。

16　逮捕状による逮捕、勾引状又は勾留状の執行の中には、収容状による収容も含まれると解さないと事理に合わない（本条注解2参照）。

〈判　例〉

(一)　東京地裁　昭和二六・八・二七判決

（要旨）　強盗犯人の検挙におもむいた警察官が、被害者宅から飛び出して逃走した男を犯人と誤信してけん銃を発射した行為を考察するに当時被疑者がその家にいるとの確たる見込みもなかつたのであるから、警察官が同家に到着と同時に被害者が逃走を企てたことは、その男が犯人なりと一応嫌疑をかける根拠とはなっても、いまだ犯人と疑うに足りる十分な理由があるとは認められないというべく、当該巡査が被害者を逮捕の目的たる犯人と誤信して武器を使用したことは、警職法第七条により認められた適法性を具備するということはできない。

(二)　東京高裁　昭和二六・一〇・二七判決

（要旨）　警察官が威嚇のためけん銃を取り出すときは、相手が粗暴無分別なものであればかえつてこれを奪おうとして立ち向つてくることも予想されるので、かかる挙措に出ないよう注意すべき義務がある。（中略）けん銃を取り出すこと自体がその使用行為の一部または前提をなすものである。

㈢　神戸地裁姫路支部　昭和三三・一〇・三一判決

（要旨）　被告人T巡査は、巡査派出所に勤務し、午前四時頃受持区の警らから帰り、休憩室で仮眠中、酒癖の悪い顔見知りの男Aが酒に酔つて入つて来たので、「帰れ」とどなつたが、同人は帰るどころか湯呑などを壊す乱暴を働くので胸をつきとばした。すると同人は、道路にあつた十能をもつてガラス戸をこわすなど暴挙にでたので、けん銃をとり出して十能をすてるよう威嚇した。ところが同人は、これにひるまずガラス戸を押し開き十能を頭上に振りかざして猛り立ち同巡査に向つて十能を振り下そうとする勢を示したので、同巡査は、威嚇射撃により同人を追い払いかつ自己を防衛するつもりで、中腰の姿勢のまま同人の耳から約三〇糎の空間を狙つて発射した。このような場合警察官としては、たとえ殺傷を伴うべき武器の使用が許される場合であつてもけん銃の使用は、必要な最小限度に止むべく法規上要求せられる職務上の注意義務があるにも拘らず漫然これを怠り他の部位を狙い得た状況にあるのに人体の中枢部位である頭部附近を狙つて発射した過失に手もとの狂いが加つて弾丸は不幸にもAの左胸部に命中し、銃創による失血のためその場で同人を死に致したもので右被告人の行為は正当防衛の程度をこえたものである。（本件控訴審同趣旨、大阪高裁昭和三四・四・八判決）

㈣　大阪地裁民事部　昭和三五・五・一七判決

（要旨）　原告は、昭和二七・六・二四、二五の両日のいわゆる吹田事件のデモ行進に参加し、二五日午前八時頃吹田駅に停車中の列車内でけん銃による左大腿部貫通銃創を受けた。吹田市警察署長の指揮する警察官の部隊は、吹田事件のデモ隊を逮捕する目的で吹田駅の構内に突入し、I巡査が先頭にたつて客車内にふみこんだところ、客車内から電球で作つた火焔瓶をなげられ、衣服に火がついたので、それを消すため二、三回ころげ廻つた。居合せたM巡査は、その消火を手伝つた。同僚の負傷に興奮したM巡査は、けん銃をかまえて後部乗車口にとび乗り、後部入口附近において一間余りはなれて立つていたデモ隊の一人の男の足下をねらつてけん銃を発射した。原告はその客車内の通路に立つていたところ拳銃弾が左大腿部に命中した。被告は、けん銃の使用は、正当防衛の必要上なされたものであるのみならず、原告の行為が騒擾罪に該当し、警職法第七条第一号の適用を受けるから違法性は阻却され、不法行為の責任を負担する筋合のものではない旨を抗弁するが、M巡査が火傷していない事実や他の証拠から見て正当防衛のため発射したとする点は信用できない。またデモ隊員の一部の者は竹ヤリ、棍棒、火焔瓶等を所持し、吹田操車場に不法に侵入し、乗客を負傷させたり警察官多数に火傷をおわせる等の暴行を行つたことは認められるが、それが直ちに刑法一〇六条の騒擾罪にあたる行為とは速断し難いところであり、仮にこれが認められても、騒擾行為を行つた者のうちでも同条一号ないし三号のいずれに該当するかにより法定刑を異にするが、原告の行為が右のうち何号に該当するかについてこれを断定する証拠がなく、従つて原告の行為を警職法七条但書一号に定める凶悪な罪と断定することはできない。同客車内では、デモ隊員は竹槍や棍棒を持つておらず、火焔瓶の発火も一回のみであり、客車の外側からは警察官がけん銃を構えて包囲していたのでデモ隊員が逃亡できる状態になかつた。原告は何ら武器をもたず、抵抗する気配も示さなかつた。M巡査が乗り込んだ時には、デモ隊員との間では押し合い程度の争以外さしたる争はなかつた。しかし、M巡査は、同僚の仇討とばかり相当興奮して同客車内に入つて行つてデモ隊員を見つけたので、その足下をねらってけん銃を発射し、右弾丸により原告が負傷したことが認められ、M巡査のけん銃の使用は、警職法七条の規定に当らないものといわねばならない。

㈤　東京高裁　昭和四五・九・一二判決

（要旨）　警察当局においても、右催涙ガス弾筒並びにこれを発射するガス銃等ガス器具の取扱いについては、警察庁訓令をもっていわば武器に準じた慎重な取扱いをするよう指導していたことが認められるばかりでなく、このガス銃は機構的に水平撃ちはできないようになつており、右両者相まつて一時的催涙効果（このほかに、発射音による威嚇力も若干伴うようではあるが）以上の被害を与えないよう可及的に配慮されていたことがうかがわれる、……こうした状況のもとにあつて、これらの学生の違法行為の制止、検挙のため右のようにガス弾筒を発射したのも、警備の必要上まことにやむを得ないものがあつたと思料され、しかも、そのガス弾筒の使用方法そのものについても、前記のとおり、格別違法と目すべき点が認められない……。

㈥　広島地裁　昭和四六・二・二六決定

（要旨）　被疑者両名らが本件狙撃行為に及ぶについては船員、警察官、報道関係者、一般市民らを防衛する意思であつたことは明らかである。そしてKによる船員に対する逮捕監禁などの侵害が現在するうえに、前記の人々の生命、身体に対する不正の侵害が緊迫していたものであり、これに対する被疑者らの狙撃行為としてやむを得ないものであつたことはこれまで説示したとおりである。よつて、被疑者両名が共謀のうえ、未必の殺意を以つて特殊銃（ライフル銃）を発砲し、Kの胸部に命中させて死に致らしめたという外形上殺人に当る行為は刑法第三六条の正当防衛に該当するといい得る。以上の次第で警職法第七条により武器を使用して犯人に危害を与えることが許される場合であるといえる。したがつて、それは刑法第三五条の法令によつてなしたる行為に該当し違法性が阻却せられることになるというべく、結局、刑法第一九六条、第一九五条第一項の特別公務員暴行陵虐致死罪は成立しない。

㈦　東京地裁　昭和四七・四・二五判決

**（要旨）**　……相当重大な犯罪行為が行われている場合には、本件で用いられたような催涙ガスの使用を一概に残虐で非人道的なものとして犯罪の鎮圧制止の手段としてのその使用をも一切禁止しなければならないとの主張は到底採用し難いものといわなければならない。

仮りに催涙ガスの使用が警職法七条にいう武器の使用に当たるとしても、本件における催涙ガスの使用は、犯人の逮捕、自己若しくは他人に対する防護及び公務執行に対する抵抗の抑止のため必要と認められる相当な理由のある場合において、事態に応じ合理的に必要とされる限度においてなされたものというべきであり、また長期三年以上の懲役、禁錮に当たる凶悪な罪を現に犯している者が警察官の職務執行に対して抵抗するときにおいて、その抵抗を防ぎ、逮捕するために他に手段がないと信ずるに足りる相当な理由のある場合であつたともいいうるのであるから、同法七条本文、但書の場合に該当するのである。したがつて、本件における催涙ガスの使用はなんら違法ではないというべきである。

㈧　札幌地裁　昭和四八・一・三〇判決

**（要旨）**　……警察官がその職務の執行にあたり武器とりわけ危険性が極めて高度である拳銃を使用して他人に危害を加えることができるのは、その職務の執行の重要性との比較、権衡の点において相当で、その必要性の点において窮極的な場合に限られるべきもので警職法七条一号において単に形式的に一定の法定刑以上の罪にあたる場合をもって足りるとせず、更に「兇悪な罪」であることを要するとしているのも右趣旨によるものと理解される。（中略）なお、「警察官拳銃警棒等使用および取扱い規範」（昭和三七・五・一〇国家公安委員会規則第七号）二条三項によると「兇悪な罪」につき罪名、犯罪の態様の点から具体的な定めがされているが、右は警職法七条一号の適用についてより具体的な基準を示し、その厳正な適用を期する趣旨に出たものと理解されるから、右規範の適用についても、前示のとおり単にそこに定められた罪名、犯罪の態様に該当することのみをもつて足りるとすることはできないというべきである。

(九)　東京高裁　昭和四九・一一・一八判決

（要旨）　本件当時警察官が使用した催涙弾、催涙液はクロルアセトフェノンを成分とし、その使用量、使用方法、場所の状況によっては角膜、皮膚等に傷害を生じさせる危険性があることが認められるが、その毒性の程度を十分明らかにする的確な証拠がなく、これが果して所論指摘のジュネーブ議定書によって禁止するガスに含まれるかどうかは断定できないこと、本件当時国内法もその一般的使用を禁止する規定はなく、本件安田講堂での催涙ガスの使用は、前記のとおり警察官職務執行法七条による武器の使用として行われたものであること、同講堂で使用された催涙ガスの量、濃密度等を明らかにする証拠はないが、本件証拠に現われた限りでは、学生らの死亡あるいは重篤な障害を来すような方法ないし、状況で使用されたものとは認められないことからして、本件の催涙ガスの使用が一般に違法であるとはいえない。

(十)　千葉地裁　昭和五二・九・九判決

（要旨）　原告においては、反対同盟員らの前記デモ行進には加わらず、同日三時三〇分ころより、市役所前三叉路附近において、学生らと警察機動隊員の前記乱闘を目撃していた。そのうちに同日午後四時ころ、市役所前三叉路近くの成田市成田七五八番地先県道上の本件現場において警察機動隊が攻勢に出て、学生らが市営グラウンド方面へ後退する際、その中の一人がつまづいて転倒したため、原告は、これを庇う目的で同学生を追跡してきた七、八名の警察機動隊員の前に割り込み、同学生に覆いかぶさつたところ、同学生は、その場から逃走した。すると、右機動隊員らは、その場において、ちようど四つん這いの姿勢となつていた無抵抗の原告に対し、これを半ば取り囲むようにして、ヘルメットの脱げ落ちた同人の頭部、胸部等を警棒で殴打したり、足蹴にする等の暴行を加えて、後記認定の傷害を与えた。

被告T県は普通地方公共団体であつて、T県警察を設置しこれを管理運営していることは当事者間に争いがなく、同県警所属の警察機動隊員が同県の公権力の行使に当る公務員であること、前記警備活動がその職務に該当することは明らかである。

しかして、原告に対する暴行傷害が、前認定のとおり警察機動隊と学生らとの乱闘状態下において惹起されたものであり、原告の行為により、結果として機動隊員らが逮捕しようとしていた被疑者が一人逃走したとしても、またその他前認定の諸般の事情を考慮したとしても、前記機動隊員らの原告に対する加害行為は、警察官職務執行法七条但書で許容された場合に該らないことが明らかである。

してみれば、被告は原告に対し、国家賠償法一条一項に基づき、前記機動隊員が原告に与えた損害の賠償をする義務がある。

# 第九章　他の法令による職権職務

**第八条**（他の法令による職権職務）警察官は、この法律の規定[1]によるの外、刑事訴訟その他に関する法令[2]及び警察の規則[3]による職権職務を遂行[4]すべきものとする。

本条は、この法律が警察官の職権職務を規定した一般法であって、警察官は本法の規定に基づいて職権職務を遂行しなければならないということと、警察官の職権職務を規定したものとしては本法のほか刑事訴訟法その他の法令もあるので、それらの規定に定められた職権職務をも忠実に遂行しなければならないということを定めたもので、いわば当然の規定であるが、このような規定が特に本条に置かれたのは、本法が警察官の権限に関する一般法であることを明らかにするためと思われる。

**1**　「この法律の規定」とは、いうまでもなく本法の各条項に定められた規定である。本法は、第一条で「この法律の目的」として、「この法律は、警察官が警察法に規定する個人の生命、身体及び財産の保護、犯罪の予防、公安の維持並びに他の法令の執行等の職権職務を忠実に遂行するために、必要な手段を定めることを目的とする。」と定めている。この第一条は、本法と警察法及び他の法令との関係を明らかにしたもので、本法が、警察法第二条に規定する警察の責務、すなわち「個人の生命、身体及び財産の保護に任じ、犯罪の予防、鎮圧及び捜査、被疑者の逮捕、交通の取締その他公共の安全と秩序の維持に当る」ために必要な手段を定めた一般法、言い換えれば、警察権限の一般法であることと、本法に定められた各種の手段は、道路交通法その他各種の法令において定められた警察官の権限に対し補充的な役割を果すものであることとを明らかにしている。そして、その必要な手段として、前章までに詳しく述べたように、第二条から第七条までの規定を置いている。本条では、警察官は、一般的に本法の規定によってその職権職務を遂行すべきことを更に繰り返し規定したものである。

2　「刑事訴訟その他に関する法令及び警察の規則」とは、刑事訴訟法を始めとする刑事手続に関する法令及び道路交通法その他行政手続に関する法令（条例を含む。）のすべてをいう。

警察権の作用は、社会公共の秩序を維持し、障害を除去するため、国民の自由を拘束する作用であるから、その根拠は法律で定められなければならない（憲法第一三条、第三一条）。実際において、警察権の根拠を定めたものは、次に示すように、その大部分が法律の形式をもって定められているが、法律を根拠とする委任命令、執行命令によって、国民の権利義務に関する法規を定立することも認められており（憲法第七三条、内閣法第一一条、内閣府設置法第七条、第五八条等）、これらの命令によって、また、地方公共団体の定立する条例（憲法第九四条、地方自治法第一四条）によって警察の活動に関する法規が定められることも少なくない。

⑴　法　律　警察官の職権職務に関する法律としては、警察法、警察官職務執行法及び刑事訴訟法という基本的な法律、暴力団員による不当な行為の防止等に関する法律、風俗営業等の規制及び業務の適正化等に関する法律、未成年者飲酒禁止法、未成年者喫煙禁止法、古物営業法、質屋営業法、銃砲刀剣類所持等取締法、道路交通法、酒に酔つて公衆に迷惑をかける行為の防止等に関する法律、遺失物法等の警察所管の法律のほか、次のようなものがある。

民法（第九七七条）、民事執行法（第六条、第七条）、戸籍法（第五七条、第九二条）、破産法（第三八条、第三九条、第八四条）、裁判所法（第七一条の二）、国会法（第一一五条）、公職選挙法（第七条、第五八条、第五九条、第二三一条）、地方自治法（第一三〇条）、法廷等の秩序維持に関する法律（第三条）、破壊活動防止法（第二八条、第二九条、第三〇条）、消防法（第二八条、第三五条、第三五条の二、第三五条の四、第三五条の七）、水防法（第一四条、第一五条、第二一条）、災害対策基本法（第五八条、第五九条、第六一条、第六三条、第六六条、第七六条の二、第七六条の三）、水難救護法（第二条、第四条、第二九条）、刑事収容施設及び被収容者等の処遇に関する法律、逃亡犯罪人引渡法（第六条）、爆発物取締罰則（第七条、第八条）、印紙犯罪処罰法（第五条）、通貨及証券模造取締法（第三条）、外国ニ於テ流通スル貨幣紙幣銀行券証券偽造変造及模造ニ関スル法律（第一〇条）、少年法（第六条、第一三条、第一六条、第二六条、第三八条、第四一条等)、少年院法(第一三条、第一四条)、更生保護法(第六三条)、売春防止法(第二二条)、婦人補導院法(第一四条、第一六条)、麻薬及び向精神薬取締法(第五八条の三)、狂犬病予防法(第二〇条)、公益質屋法(第一五条)、高圧ガス保安法(第三六条、第六二条、第六三条、第六四条)、武器等製造法(第二五条、第二六条、第二八条)、国税犯則取締法(第五条、第六条)、関税法(第二〇条、第二一条、第二三条、第六四条、第九七条、第一二九条、第一三〇条、第一三六条等)、国税徴収法(第一四四条)、道路法(第三二条)、精神保健及び精神障害者福祉に関する法律(第二四条、第三九条)、文化財保護法(第一〇〇条、第一〇一条、第一〇二条、第一〇三条)、出入国管理及び難民認定法(第二三条、第四一条、第五二条、第六一条の八)、気象業務法(第一五条)、死産の届出に関する規程(第九条

⑵　地方公共団体の条例又は規則　　条例は、地方公共団体がその自治権に基づいて制定する法規たる定めである。憲法は、地方公共団体が「法律の範囲内で条例を制定することができる」旨を定めている(第九四条)。地方自治法は、自主法として条例及び規則の二種を認めている(第一四条、第一五条、第一三八条の四)。地方公共団体の条例制定権は国の授権(委任)に基づくものであるが、委任命令の場合と異なり、それは自主立法権そのものの委任であって、個々の条例の内容については必ずしも法律の委任を要しないが、法律が特定の事項を条例に委任することももちろん差し支えない。したがって、条例には、法律の特別の委任によるものとそうでないもの(行政事務を処理するためのもの)とがある。前者は、例えば、風俗営業等の規制及び業務の適正化等に関する法律、屋外広告物法、興

行場法、旅館業法、公衆浴場法の施行条例のごときであり、後者としては、いわゆる公安条例、押売り防止条例、金属くず営業条例、青少年保護育成条例、印章業条例、騒音防止条例等がある。条例の制定事項は、地方公共団体の事務の範囲に限られ、また、国の法令に違反しないことを要する。したがって、国の法令が先占した事項については、これに反する定めをすることができない。何が国の先占した範囲に属する事項であるかは、当該法令の趣旨、目的から判断するほかはないが、地方公共団体は、地方公共の秩序を維持する任務を有するから、警察作用について条例で定められることが少なくなく、その中には、警察官に対し特別の権限を付与したものがある（例えば、公安条例による制止その他の措置、青少年保護育成条例による保護の権限）。本法で定める権限とこれらの条例に基づく権限とは類似し、また、事態によっては、競合するものであるが、その条例が設定する特別の目的のために警察官に対し特別の権限を与えることは、本法の趣旨に反しない限り許されるのであって、本法の権限と競合するからといって直ちに本法に違反するわけではない。本条の規定は、地方公共団体の条例で警察官の権限が定められることを予定しているものというべきであろう（なお、地方公共団体でも、都道府県は警察法により警察を維持するが、市町村は警察を維持しない。したがって、市町村の条例によって警察官の権限と義務とを定めることはできない。）。

規則は、地方公共団体の長その他の機関がその権限に属する事務に関し制定する法で（地方自治法第一五条、第一三八条の四）、法規の性質を有するものと行政規則の性質とを有するものがある。都道府県公安委員会規則（警察法第三八条）もこの規則の一種である。

(5)　「警察の規則」とは、警察法に基づく警察機関の定立する一般的抽象的な定めという意味で、「法令」の中に当然含まれるものであるが、警察官の職権職務に関することなので特に重複して規定したものであろう。警察機関の定立する規則の中で法規命令の性格を有するのは、国家公安委員会規則（内閣府設置法第五八条、警察法第一二条）及び都道府県公安委員会規則（地方自治法第一三八条の四、警察法第三八条）だけで、法律又は条例の特別の委任がある場合には、国民の権利、自由を拘束する法規を定めることができる。例えば、銃砲刀剣類所持等取締法第五条、質屋営業法第七条、道路交通法第五七条、第七一条、第七六条、第七七条等はその特別の委任の例である。実際には、公安委員会規則は、警察組織内の内部規律を定めた行政規則の性質のものが多い（例えば、礼式、服制、表彰に関する定め、組織の細則、教養、通信等に関する定め等）。また、警察庁訓令、都道府県警察本部訓令等は、その形式はここでいう「警察の規則」であるが、その内容はいずれも行政規則であって法規でなく、したがって、国民に対して警察権を発動する根拠とはならない。

(6)　不文法　わが国では成文法主義が採られているが、それでも成文法の欠缺を補う意味で、不文法の存在や成立が否定されるわけではない。不文法としては、慣習法（画一的な慣行が法的確信を得る場合、例えば、一般慣習法、判例法、先例法等）及び条理（一般人の健全な常識、正義、公平の観念をいい、これは、法の根底に横たわり、それを支えている自然法的なもので、法としての効力をもつ。）がある。これらの不文法も警察権の作用の根拠となる。

3　「職権職務」については、本法第一条注解6参照。

4　「遂行」とは、「執行」というのと同じ意味で、法規の内容を具体的に実現すること、すなわち、法規を具体的な場合に適用し、実施することをいう。

# 注解 警察官職務執行法

平成17年4月 1 日 第 1 刷発行
平成29年2月20日 第13刷発行

編 者 警察制度研究会
発行者 橘 茂 雄
発行所 立 花 書 房
東京都千代田区神田小川町3-28-2
電 話 03-3291-1561（代表）
FAX 03-3233-2871
http://tachibanashobo.co.jp

(旧版)昭和37年7月25日 初版発行
©2005 警察制度研究会
東京創文社・和光堂
乱丁・落丁の際は本社でお取り替えいたします。
ISBN 978-4-8037-2220-8 C3032

現場で毅然と職務を執行するための必携書

立花書房 好評書

元警察大学校長、京都産業大学法学部教授兼
同大学社会安全・警察学研究所長、弁護士
田村正博 著

適切な権限行使の前提となる
正確な法的知識の理解・習得に役立つ、
現場警察官の実務に即したコンメンタール（注釈書）。
警察官の権限に関する条文だけを取り上げ、
実際の運用を視野に入れて分かりやすく解説する。

# 現場警察官権限解説〔第三版〕

現場警察官が職務を執行するに当たっての
**法的権限につき解釈・運用を解明！**

第二版刊行後5年余の
**新法・法改正等に対応！**
〝警察等が取り扱う死体の死因又は身元の調査等に関する法律〟
〝電磁的記録に係る押収などに関する刑事訴訟法の改正〟
〝暴力団対策法の改正〟〝ストーカー規制法の改正〟
〝外国人登録法の廃止と出入国管理法の改正〟等

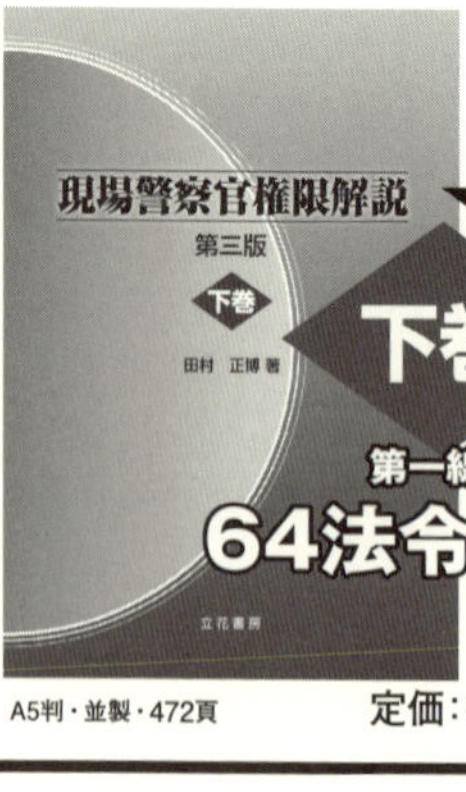


**上巻** A5判・並製・488頁

**下巻** A5判・並製・472頁

第一線警察官の権限を定める
**64法令231条を掲載！**

定価：各巻（本体2500円＋税）（送料：300円）